외로움은 통증이다

외로움은
통증이다

시대의
흐름에 따라
외로움에 대한
해결책

오광조 지음

지상사
Jisangsa

; 서문

코로나19로 인해 언택트(Untact)시대가 성큼 다가왔습니다. 이전부터 활발했던 인터넷 쇼핑은 대세가 되었고 덩달아 배달업도 호황입니다. 대면 교육이 전통인 학교수업도 원격으로 각종 강의나 연수교육, 종교행사도 비대면으로 진행합니다. 한 공간에 모이지 않더라도 각자 집에서 편하게 모니터 앞에서 보고, 듣는 게 가능한 걸 알아버렸습니다.

결혼식, 장례식에 찾아가 얼굴을 보고 인사하는 관습도 변화가 왔습니다. 시간과 노력을 들여서 가느니 서로 편하게 돈만 보냅니다. 취미생활도 집에서 영상을 보고 게임을 하는 것으로 바꿨습니다. 전시회, 발표회, 회의 등도 온라인으로 이루어집니다.

코로나19 치료제가 나오더라도 언택트의 흐름은 바뀌지 않을 것 같습니다.

하지만 사람은 사회적 동물이라고 합니다. 함께 모여 사는 게 본능이죠. 사람의 아이는 자연에서도, 문명에서도 혼자 놔두면 살아남아 성장할 수 없습니다. 아이가 태어나서 성인이 될 때까지 주변의 수많은 사람의 관심과 돌봄이 필요합니다.

어른이 되어도 사회 안에서 구성원으로 살아갑니다. 가족을 이루고, 직장을 다니고, 친구를 만납니다. 독립된 개인으로 존재하고 생각하고 생존하지만 혼자서는 살기 힘듭니다. 깊은 산이나 수도원 등에서 외부와 격리된 삶을 사는 사람도 있지만 극히 소수입니다. 그들도 사람을 만나면 너무 좋아합니다.

함께 살아야 할 이유는 여러 가지입니다. 자연의 위험에 같이 대비하고 사냥과 농사일도 함께 해야 합니다. 심심하면 친구와 놀아야 하구요. 사랑을 나눌 가족도 필요합니다. 혼자가 편한 사람도 있고 여럿이 좋은 사람도 있지만, 친밀한 사람이 적어도 한두 명 있어야 삶이 건강합니다.

행복 호르몬이라는 옥시토신은 피부접촉으로 분비가 늘어, 행복감이 커지고 아이는 엄마와 함께 있는 것만으로도 안정감을 느끼고 잠이 듭니다. 어른도 기다리는 사람, 만날 사람이 있어야 삶에 목적이 생깁니다. 아무리 언택트가 대세라도 본능을 거스를 수 없습니다.

그러나 불행하게도 이미 오래전부터 한국사회는 '혼밥' '1인 가족' '고독사' '기러기 아빠'가 일상용어가 될 정도로 공동체가 빠른 속도로 해체되고 개인의 파편화가 가속화되는 상태입니다. 출산율이 떨어지면서 형제 친척도 줄었고요. 또 함께 놀기보다는 게임이나 인터넷을 하면서 혼자 놀기를 선호하는 문화로 바뀐 지 오랩니다. 사회 분위기도 힘들게 친구를 사귀고 사람을 만나기보다 혼자가 편하다는 사람이 늘었습니다.

수명은 계속 증가합니다. 평균수명이 80대라고 하지만 산 사람은 100세를 바라볼 정도입니다. 그렇지만 오래 산다고 축복이 아니라고 합니다. 삶에서 고독과 외로움은 누구도 피할 수 없는데 인생 후반부로 갈수록 타의에 의해 혼자 남는 시간도 계속 늘어나게 됩니다.

외롭고 고독해도 당장 눈에 띄는 변화는 없습니다. 하지만 개인의 정신과 신체에 광범위한 영향을 끼칩니다. 외로움은 큰 스트레스 요인으로 몸과 마음에 좋지 못한 변화를 가져옵니다. 마음의 불안, 우울, 분노 등과 몸의 근육통, 소화 장애, 심혈관계 질환 등이 올 수 있습니다.

몇 해 전 영국에서 외로움 담당 장관을 임명할 정도로 외로움은 이제 국가 차원의 문제가 되었습니다. 우리나라도 이제 외로운 사회로 진입한 것을 부정할 수 없습니다. 여러 조사나 통계에서 외롭다고 하는 사람이 늘고 있습니다.

시대의 흐름에 따른 외로움과 고독에 대해 사회는 해결책을 찾아야 하지만 개인도 대처 방법을 찾고 또 한편 외로운 세상에 적응할 준비를 해야 한다고 생각합니다.

이 책은 여러분처럼 외로운 시대를 사는 누군가의 외로움과 고독에 대해 생각하고 정리한 내용입니다. 부디 여러분의 고민에 조금이라도 도움이 되기를 바랍니다.

차례
C O N T E N T S

;

문득 세상이 낯설다

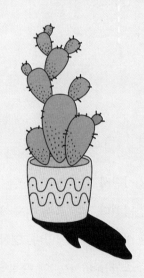

제1장

익숙한 일상 속의 외로움

2018년 영국 테리사 메이 총리는 트레이시 크라우치 체육 및 시민사회 장관을 '외로움 문제' 담당 장관(Minister for Loneliness)으로 겸직 임명했다. 외로움은 이제 개인 차원을 넘어 정부에서 개입할 정도로 심각한 사회문제가 되었다. 영국에서 발표한 국가적 차원의 '외로움에 대한 실태조사'(2016~17년)에 따르면 16세 이상 인구의 5%가 외로움을 항상 자주 느끼고 있으며, 16%는 때때로, 2%는 가끔 느낀다고 한다.

*

인생은 태어나서 죽을 때까지다. 대부분 80세 안팎이다. 유아기, 청소년기, 성년기, 장년기, 노년기로 구분하지만 연속되어 이어진다. 지루한 시기도 있지만 후반부로 갈수록 시간은 빨리 흐른다. 매일 보면 외모도 삶도 달라진 것이 없어 보이지만 지나고 보면 모든 것은 변한다. 이 삶의 과정에서 평소처럼 익숙한 날을 일상이라고 한다.

우리는 삶의 대부분을 정해진 일상 안에서 살아간다. 이 틀을 벗어나면 몸도 마음도 피곤하다. 당장 닥치는 일을 해결하기에 급급해 여유도 사라지고 하루하루 살아가기 바쁘다. 새 학기 시작할 때, 새 직장에서 일 배울 때, 이사해서 낯선 환경에 놓일 때를 떠올려보라. 종일 신경은 곤두서고 창조적인 일이나 생산적인 일을 할 겨를이 없다. 모든 에너지를 적응에 쏟아야 한다. 익숙해지면 그때서야 주변을 둘러보고 주위의 사물에 관심을 보인다.

변화는 피곤한 일이다. 동물은 본능적으로 변화를 싫어한다. 낯선 환경에 놓이면 긴장되고 익숙한 장소에서 마음이 놓인다. 사람도 마찬가지다. 어느 정도 나이 먹으면 대부분 평안한 삶을 바라는데, 평안은 다른 뜻으로 변화 없음이고 익숙하다는 말이다.

자리를 잡고 안정을 찾았다면 새로움이 더이상 나타나지 않고 일상이 습관처럼 흘러간다는 의미다.

습관은 사실 삶의 에너지를 절약하게 돕는 뇌의 비밀병기다. 습관이 배지 않으면 사소한 일도 그때그때마다 정신 바짝 차리고 수행해야 할 것이다. 익숙한 일은 자동화해놔야 남는 에너지를 다른 부분으로 돌려 새로운 일에 투입할 수 있다.

하지만 습관은 삶에서 새로움을 생략해 권태와 지루함이 부작용으로 따라온다. 무엇이든 반복되면 습관이 된다. 삶도 마찬가지다. 어릴 때 며칠 전부터 잠 못 잘 정도로 손꼽아 기다렸던 날들이 무덤덤해진다. 세뱃돈을 고대하던 설날도, 생일도, 휴일도, 휴가도 그저 그런 날이 되어 심드렁해진다.

비슷한 삶이 반복되면
권태가 익숙하게 자리잡는다

일상은 대부분 반복이다. 어제 한 일을 오늘 다시 하고 어제 본 사람 오늘 다시 본다. 계절의 변화도 몇 번 겪으면 감동이 사라진다. 해가 떠도 비가 와도 눈이 내려도 그러려니 한다.

그래도 그 안에서 가끔 겪는 새로운 일은 사는 재미이자 활력소이다. 봄이 그랬다. 항상 새로웠다. 무덤덤한 일상에서 오랜 세월 동안 봄은 늘 눈이 부셨다. 생활의 여러 부분이 모두 시들해도 신선하고 당당하게 찾아왔다. 겨울이 춥고 칙칙해도 3월쯤 현관문을 열면 '아 봄이네' 할 정도로 따뜻한 바람이 훅 밀려왔다. 둘러보면 싱싱한 변화가 보였다. 꽃대가 올라오고 나뭇잎이 투명하게 빛나고 땅도 촉촉했다.

그런데 봄도 일상화됐다. 공기가 따뜻한 걸 잊었고 꽃도 눈에 들어오지 않았다. 봄이 온 걸 모른 채 여름을 맞았다. 익숙한 세상이 너무 당연해서 어색했다. 데자뷰(deja vu·기시감)는 지금 자신에게 일어나는 일이 전에도 경험한 적 있는 것 같이 느끼는 현상이다.

영화에서 같은 장소와 사건을 반복하는 장면이 많으면 식상하다. 현실의 삶도 경험이 늘어날수록 '이 상황이 어디서 겪은 것 같아' 하는 때가 있다.

나이가 들었는가는 눈을 보고 '와! 눈이다' 먼저 하는지, 출근 걱정부터 하는지 보고 알 수 있다고 한다. 나도 언제부턴지 쌓인 눈을 보면 치울 생각이 앞선다.

옷에 붙은 먼지를 제거할 때 테이프 클리너로 슥 지나가면 먼지가 잘 떨어지는데, 몇 번 사용하면 접착력을 잃고 더이상 이물질이 붙지 않는다. 인생도 같은 삶을 여러 번 겪으면 더는 새로움이 붙지 않는다. 삶도 반복되면 그러려니 한다.

아침에 눈을 떠서 오늘 열심히 살자고 다짐해도 하루가 뻔한 오후는 맥이 빠진다. 인생이 거창할 줄 알았는데, 어제와 거의 비슷한 날을 보내면 '양파처럼 까도 까도 매일이 같다'라는 생각도 든다.

비슷한 삶이 반복되면 권태가 익숙하게 자리잡는다. 삶은 시들고 인생의 외피인 일상은 각질처럼 부스러진다. 나를 지탱하던 일상이 떨어져 나가면서 쪼그라든 내가 세상과 멀어진다는 느낌에, 친구와 연락도 귀찮고 매일 만나는 사람도 거리감이 생긴다.

바쁠 때는 모르고, 여유가 생기면 이런저런 생각이 많아진다. 거울을 보면서 익숙한 얼굴이 갑자기 어색해 보이는 순간이 있듯, 지금 내 삶을 생각해 보면 '내가 누구지' '지금 무얼 하고 있지' '여기가 어디지' 의문이 들고 세상이 낯설 때도 있다. 이런 느낌은 대부분 불쑥 다가왔다가 슬며시 사라진다. 잠깐 스쳐 지날 때가 더 많지만 드물게 강한 기억으로 영향을 미칠 수도 있다.

익숙한 세상이 멀어지면
주변을 봐도 다 남처럼 느껴

나 혼자일까라는 의문이 생긴다. 가족이 있고, 나의 일이 있고, 친숙한 생활이 있는데, 혼자라는 느낌이 드는 날엔 괜히 눈물이 난다. 쓸데없는 잡생각이라고 외면해 보지만, 가슴 속 빈틈으로 사정없이 밀고 들어오는 낯선 감정을 무시하기에는 너무 선명하다. 이런 게 외로움인가. 나도 이젠 외로울 때가 된 걸까.

눈을 바깥세상으로 돌리면 달라진 것이 없다. 사람들은 정신없이 바쁘다. 세상은 스스로 돌아볼 시간을 주지 않는다. TV나 스마트폰 등이 다른 생각은 끼어들 틈 없게 촘촘한 차단막을 친다.

하루 중 심심할 시간은 찾기 힘들다. 돈과 시간만 있으면 놀거리, 볼거리는 널렸다. 스마트폰을 열면 시간 가는 줄 모르고 혼자 있어도 딴 생각을 할 겨를이 없다. 손바닥 크기의 이 기계는 블랙홀처럼 생각은 물론 세상의 모든 것을 빨아들인다.

TV를 켜면 어제나 오늘이나 연예인들은 무엇이 그렇게 좋은지 웃고 떠들며 별 시답지 않은 개인사나 가족 이야기를 늘어놓으며 마냥 즐겁다. 웃지 않고 심각하거나 어두운 모습을 보이면 바로 퇴출되기에 앞다퉈 박수치며 행복하다고 외친다.

음식방송도 시간과 채널을 가리지 않고 넘친다. 오래전부터 요리사는 '셰프'라고 외국어로 바뀌어 어지간한 연예인보다 인기를 누리고 남녀 가리지 않고 음식 솜씨는 매력의 기본이다. 나처럼 라면 끓이는 게 주특기이고 아무거나 주는 대로 잘 먹는 마당쇠 입맛은 교양인에서 탈락이다.

도시는 나날이 화려하고 방송은 요란하다. 어쩌다 나간 거리는 빠른 템포의 음악이 시끄럽다. 잔잔한 음악은 전멸이고 간판은 밤낮으로 경쟁적으로 번쩍거린다. 세상은 시끌벅적 사람들로 넘쳐나지만 전보다 삭막해졌다는 생각이다. 개인이 설 자리는 계속 쪼그라든다.

사회는 갈수록 더 풍요롭고 행복해 보이는데, 외로운 사람을 대상으로 하는 사업은 더욱 호황이다. 반려동물 키우기는 유행을 넘어 생활로 정착했다. 사이버상에서 친구를 찾는 SNS(소셜 네트워크 서비스) 가입자는 세계 최고 수준이고 고민을 덜어주는 심리상담이 날로 늘고 있다. 각종 점, 철학관은 여전히 성업 중이다.

또 혼자 있는 사람을 돕는 공공기관의 도우미도 늘고 있다. 그런데도 외로운 사람, 외로운 시간은 더욱 늘어난다.

＊

2018년 한국리서치 조사 결과 한국인의 7%는 거의 항상, 19%는 자주, 51%는 가끔 외로움을 느끼는 것으로 나타났다.

통계청이 발표한 '2019 한국의 사회지표'에 따르면 지난해 기준으로 우리 국민 중 '외롭다'고 느끼는 비중은 20.5%였다. 2018년보다 4.5%포인트 상승했다. 성별로는 여자(21.5%)가 남자(19.6%)보다 더 외롭다고 생각하는 것으로 조사됐다. 연령별로는 60대와 40대가 사회적 고립감을 상대적으로 심하게 느끼는 것으로 나타났다.

외로운 사회

티토노스는 트로이의 왕 라오메돈의 아들이다. 새벽의 여신 에오스가 한눈에 반해 그를 남편으로 삼고 자신의 궁전으로 데려가 아들 둘을 낳고 행복하게 살았다. 하지만 에오스는 남편이 언젠가 죽을 것을 걱정해 제우스에게 그를 죽지 않는 몸으로 만들어 달라고 간청했다. 제우스는 에오스의 청을 들어주었는데, 늙지 않게 만들어 주는 것을 깜박 잊었다. 에오스는 늙어가는 티토노스를 방에 가두고 꿀을 먹고 살도록 했다. 혼자 외롭게 격리되어 몸을 가눌 수 없을 정도로 늙고 쇠약해진 티토노스는 결국 소리만 내는 매미가 되었다.

*

불과 한 세대 전이지만 내가 어린 시절에 외로움이나 고독은 낯선 단어였다. 집집마다 형제가 여럿이라 혼자 있을 시간과 공간이 없었다. 동네에 나가면 다 아는 어른들이고 형 누나 동생이었다. 아이는 아이끼리 어른은 어른끼리 모여 놀던 기억이 선하다.

학교도 한 반에 학생이 육칠십 명이었고, 학생이 너무 많고 교실이 모자라 오전반, 오후반으로 나눠 2부제 수업을 했다. 학생이 많으니까 반에는 어떻게든 친구가 생겼다.

집은 지금보다 작았고 3대가 함께 사는 가구도 많았다. 좁은 집에 많은 식구가 살다 보니 공간은 항상 모자라 방 하나를 여럿이 썼다. 독방은 사치였다. 나도 내 방을 가지고 싶은 소원이 있었는데, 3형제라 그나마 빨리 이루어졌다. 중학교 때 형과 동생이 한방을 쓰고 내가 작은 방을 써서 아주 일찍 내 방이 생겼다.

우연히 방송을 보다가 어떤 여자 아나운서의 말을 듣고 '맞아 맞아' 한 적이 있다. 그녀도 자매가 많아 가장 큰 언니가 방 하나 차지하고 동생들은 한방에서 지내다 언니가 시집가면 다음 언니가 물려받아 쓰고 그렇게 자기도 몇 달 독방생활 누리다가 독립했다는 경험담이었다.

외동은 드물었다. 형제가 없다면 신기했고 외동인 친구는 중학교 때 처음 만났다. 외로움을 잘 타니까 주변에서 챙겨줘야 한다는 교과서 내용도 기억이 나고 외로움이란 말도 그때 처음 접한 것 같다.

부모 세대도 형제가 여럿이라 친척도 많았다. 고모, 이모, 숙모 등 호칭도 헷갈렸고 부모님의 형제들 서열을 구별하는데도 오래 걸렸다. 사촌도 표로 적어 외울 정도였다. 새해에는 우르르 몰려다니며 세배하고, 세뱃돈 받아서 놀러 다니고, 명절 전후로는 친척집에서 며칠씩 자면서 놀았다.

1인 가구, 혼자, 고독사
어느새 익숙한 용어로

밥은 정해진 시간에 먹어야 했다. 식구는 많고 먹을 것은 항상 부족해 서로 먹기 바빴다. 지금처럼 먹을 게 남아도는 시절이 아니어서 반찬 투정은 어림없는 일이었다. '다음에 먹을게' '입맛 없어' 말은 굶음을 각오해야 할 위험한 선언이었다.

TV는 거실이나 안방에 모여서 봤고 몇 개 없는 채널은 어른 차지였다. 놀이도 정해져 있었다. 모여서 공을 차던지 숨바꼭질을 했다. 겨울에는 편 갈라 눈싸움을 했고 구슬치기, 딱지치기, 사방치기, 자치기, 말타기 등 놀이는 모두 섭렵했다. 실내에서도 장기나 바둑처럼 상대가 있는 놀이가 대부분이었다.

사회는 너무 빠르게 변한다. 요새는 자녀가 적어 형편이 허락되는 가정은 초등학생 때 자기 방이 생긴다. 식사시간이 따로 없고 모여서 밥 한 번 먹으려면 외식을 하거나 특별한 날을 잡아야 한다. 걸핏하면 '배 안고파' '다음에 먹을래' 말하기 일쑤다. 집 안팎에 먹을 것이 넘쳐 배고픔을 모른다.

학교도 한 반에 학생이 20~30명이다. 시골은 전교생이 몇 명인 학교도 있다. 친구가 생길 기회가 줄었다. 자녀가 적으니까 친척도 적다. 또 각자 스마트폰이 있어 자기 방에 틀어박혀 혼자 논다. 방송도 채널이 수없이 많아 인터넷이나 유튜브로 보고 싶은 것만 골라서 본다.

세상의 변화는 불행히도 사람의 본성과 반대 방향으로 향한다. 어울려 살아야 하는 본성과 반대로 개인화, 파편화가 시대의 흐름이다. 개인이 저항하기에는 역부족이다. 시대는 공동체의 해체가 가속화되고 있다.

2017년 통계청 '인구주택 총 조사'에 따르면 우리나라의 1인 가구 비중은 28.6%로 562만 가구에 이른다. 2000년 222만 가구에서 17년 만에 2배 반가량 증가했다. 이대로 가면 1인 가구는 2025년 전체의 31.3%, 2035년 34.5%에 육박할 것이다. 세 집에 한 집 꼴 1인 가구가 된다는 예측이다.

'1인 가구' '혼자' '고독사'란 말이 어느새 익숙한 용어가 될 정도로 개인화는 피할 수 없는 추세고 우리나라도 본격적으로 외로운 사회로 진입한 것이다. 사회는 서로 보듬고 함께 살아야 할 환경을 만들어야 하고 또 개인도 다른 사람들과 함께 사는 노력을 해야 한다.

*

인생에서 외로움과 고독은 피할 수 없다. 인생의 전반기는 가족, 친구와 보내는 시간이 많지만 후반기는 혼자 지내는 시간이 늘어난다. 또 평균수명이 늘면 고독하게 지내는 시간도 함께 길어진다. 개인주의가 확산되는 추세에 따라 앞으로 더 외로울 것이다. '외로움'과 '혼자'는 동전의 양면과 같아 벗어날 수 없다면 차라리 더 알아보고 대처하는 자세가 필요하다.

외로워도 슬퍼도 나는 안 울어

'외로워도 슬퍼도 나는 안 울어, 참고 참고 또 참지 울긴 왜 울어,
웃으면서 달려보자 푸른 들을 푸른 하늘 바라보며 노래하자,
내 이름은 내 이름은 내 이름은 캔디.
나 혼자 있으면 어쩐지 쓸쓸해지지만
그럴 땐 얘기를 나누자 거울 속의 나하고,
웃어라 캔디야 들장미 소녀야,
울면 바보다 캔디 캔디야.'

*

애니메이션 〈들장미 소녀 캔디〉는 내가 어릴 때 엄청나게 인기 끌던 TV프로였다. 방송시간만 되면 놀다가도 집으로 들어가고 밥 먹다가도 텔레비전에서 눈을 떼지 못했다.

이제는 주근깨만 생각나고 세세한 내용은 잊은 지 오래지만 주제가는 아직도 정확하게 기억난다. 어릴 때는 뜻도 모르고 신나게 따라 불렀는데 '혼자 있으면 쓸쓸하고 외로워도 참고 참고 또 참고, 거울 속의 나하고 이야기를 나눈다'는 노랫말은 지금 들어도 공감이 된다. 그렇지만 외로워도 슬퍼도 울지 않고 참기는 어른도 참 어렵다.

우리가 느끼는 외로움은 어디서 왔을까. 성경 창세기는 첫 말씀을 '태초에 어둠이 있었다'로 시작한다. 과학도 빅뱅 이전에는 시간도 공간도 없고 빛도 없는 완벽한 무(無)상태였다고 이야기한다. 어두움도 없고 아무것도 존재하지 않으며 오직 없음만 있는 절대고요, 절대고독의 상태다. '말씀' 또는 '빅뱅' 후에 모든 것이 있게 된다. 외로움도 세상이 탄생한 뒤 비교 대상이 생기고 태어났을 것이다.

국어사전을 보면 외로움은 '혼자가 되어 쓸쓸한 마음이나 느낌'이라고 건조하게 설명한다.

혼자서 혼자 있는 대상을 볼 때나 혼자라는 사실을 인식할 때도 느낀다. 또 자연 속에서 혼자 있을 때, 여럿과 함께 있다가 혼자 남을 때, 나와 다른 집단 속에서 혼자 동떨어질 때, 대상에게 거부당할 때, 군중 속에서 생각과 감정이 격리될 때 평소와 다른 느낌과 이질적인 감정이 섞이면서 느릿하게 알아차린다.

외로움은 소리 없이 인기척 없이
나도 남도 모르게 다가와

외로움은 '나'와 '나의 위치'를 알고 비교와 자각이 확실하면 느낀다. 남을 보면서 차이를 인식하거나, 남과 다른 나의 모습과 남과 어울리지 못하고 혼자 있을 때, 외롭고 어울리고 싶은 마음이 클수록 더 외롭다. 객관적으로 이것이 외로움이라고 똑 부러지게 말하기 쉽지 않다.

'돌격 앞으로' 외치며 뛰어나갔는데 돌아보니 우리 편은 저 뒤에 있고 내 옆에 아무도 없는 걸 아는 순간 느끼는 당혹함이랄까? 바쁠 때나 뛸 때는 모른다. 제자리에 서서 주위를 둘러볼 때 혼자구나, 세상에 나 혼자 남았구나 알았을 때 비로소 이게 외로움이라고 생각한다.

사람이 우글거리는 도시에서도 교감할 대상이 없다면 외롭다. 여러 사람과 친하게 어울리고 함께 웃고 떠들었는데, 마음이 허전하다면 혼자 있는 것과 마찬가지다.

친밀한 사람과 함께 있어도 외로움을 피하기 힘들다. 매일 붙어 지내는 동료도, 인생을 같이 한 친구도, 막 사랑을 시작한 연인의 열정도, 수십 년간 한집에 살며 아끼고 위하며 지내온 부부와 가족도 막아주지 못한다.

그나마 다행스럽게 외로움이 전염되지 않는다는 사실이다. 외로운 사람 옆에 있어도 물들지 않는다.

'그들은 모두 불안감에 떨었다' '버스 안은 순식간에 공포감이 몰아쳤다' 같은 표현은 있어도 '사람들이 모두 외로움에 시달렸다' '교실 안에 갑자기 외로움이 퍼졌다'라는 말은 없다. 외로움은 주변에서 알아차리지 못한 채 심각해질 수 있다는 말도 된다.

외로움은 조용히 배에 스며드는 물처럼 감정을 서서히 잠식하고 침몰시킨다. 처음에는 잘 느끼지 못하다가 어느새 보면 물이 가득 차 있다. 퍼내도 끝이 없다. 감지했을 땐 이미 손쓰기 힘들다.

주변에 사람이 없고, 말 붙일 데 없고, 마음 줄 곳 없다고 느낄 뿐인데, 가라앉는 것은 시간문제다.

가랑비에 우산 쓰고 나갔다가 돌아와 보니 속옷까지 젖는 날이 있다. 비를 피했다고 생각했는데, 나중에 보면 축축하다. 처음부터 폭우라면 나가지 않았을 테고 우비를 걸쳤겠지만 가랑비쯤이야 하다가 비 맞은 생쥐 꼴이 된다. 외로움은 가랑비처럼 모르게 살며시 스며든다. 나중에 보면 온몸이 흠뻑 젖는다. 열정, 흥분처럼 눈에 띄거나 드러나지도, 앞장서지도 않는다.

그림자는 그림자를 드리울 물체와 빛이 있어야 만들어지고, 외로움은 느끼는 주체와 상황이 있어야 생긴다. 그림자는 인기척도 없고 느낌도 없다. 빛에 따라 짙어지고 옅어질 뿐 소리 없이 나타나고 사라진다. 없어도 불편하지 않고 붙어도 무겁지 않다. 외로움도 소리가 없고 인기척도 없다. 나도 남도 모르게 다가온다.

그림자는 눈을 감으면 있는지 알 수 없지만, 외로움은 눈을 감으면 더 강하게 달라붙는다.

피터 팬은 그림자잡기 놀이를 하다가 강아지 나나에게 그림자를 뺏겨도 나중에 웬디가 꿰매주지만 그건 네버랜드에서나 가능하다. 현실에서 그림자는 떨어지지 않는다.

조금의 빈틈도 없이 딱 붙어있다. 현실의 외로움도 떨어지지 않는다. 보이지도 않아 누가 물고 가지도 못한다.

*

정호승 시인은 시 〈수선화에게〉에서 외롭다고 울지 마라 했다. 외로
우니까 사람이고 살아간다는 것은 외로움을 견디는 일이라고 말했다. 하
느님도 외로워서 눈물을 흘릴 정도라고 했는데, 사람이 외로우면 눈물이
나는 것은 당연하다.

플러스

보석이 귀한 이유는 희소성 때문이다. 인생이 아름다운 이유는 유한하기 때문이다. 인생
을 즐기라고도 하고 시간을 아끼라고도 한다. 인생을 낭비하지 말고 '여행도 가고 사랑도
하고 경험을 쌓아라'고 한다. 그러나 지나면 부질없다. 기억일 뿐이다. 좋은 기억은 추억
이고 나쁜 기억은 후회다. 삶은 살아있는 시간, 살아있는 그 자체로 아름답다.

군중 속의 고독

《맹인의 나라》영국 소설은 《투명인간》의 저자 H. G. 웰즈 작품으로 안데스 산맥의 험준한 골짜기에 세상과 아주 인연이 끊긴 맹인들만 사는 나라가 배경인 환상적인 이야기다. 원래 평범한 나라였는데, 원인 모를 병이 돌아 주민들 모두 장님이 된다. 눈이 머는 질병은 아주 천천히 퍼져 사람들은 눈이 머는지도 모를 정도였고 아이들은 처음부터 맹인으로 태어난다. 그들은 사는데 불편을 느끼지 못하며, 눈으로 보았던 세상은 기억에서조차 사라진다.

그로부터 15세대가 흐른 뒤 주인공 누네즈가 에콰도르 산악을 답사하다가 맹인의 나라로 추락한다. 주민들이 모두 맹인이라는 사실에 놀란 그가, 본다는 것과 눈에 보이는 세상을 설명해도 주민들은 오히려 그를 이상하게 여긴다.

그는 왕이 되려고 쿠데타를 일으켰다가 제압당한 뒤 '본다는 것은 미친 생각'이라 말하고 항복한다. 매일 똑같은 세상에서 살고 정해진 일을 하는 주민들에게, 그의 눈은 삶에 크게 도움이 되지 못하고 오히려 후각이나 청각 능력이 떨어진 사람 취급을 받는다.

맹인나라에서 여자와 사랑에 빠진 주인공은 청혼을 하지만 '앞이 보이는 저능아'인 그를 주민들은 거부한다. 그래도 딸을 사랑하는 그녀의 아버지가 나라의 연장자들과 의논하여 결혼허락 조건을 제시한다. 그들의 표현대로 '얼굴에 살짝 들어간 부위로, 뇌를 계속 과민하게 자극하는 괴상한 눈이라는 병'을 완치하는 수술, 즉 눈을 제거하라는 요구였다. 눈에 보이는 세계에 대해 횡설수설하는 그의 병이 완전히 고쳐질 거라고 기대한 것이다. 눈 제거수술 하루 전날 그는 필사적으로 맹인나라에서 도망치는 데 성공한다. 시각은 사람 감각기능의 대부분을 차지하지만 모든 사람들이 못 보는 나라에서 눈은 놀림감일 뿐이다.

*

'군중 속의 고독'은 1950년 출간된 미국 사회학자 데이비드 리스먼이 쓴 책 《고독한 군중》에서 나온 말이다. 대중사회에서 타인들에 둘러싸여 살면서도 내면의 고립감으로 번민하는 사람들의 사회적 성격을 지칭한다. 리스먼은 이 책에서 사회구조의 변화에 따라 '전통지향형' '내부지향형' '외부지향형' 세 가지 형태의 인간 유형을 제시하였다.

원시적 전통사회는 전통과 과거를 중요시한 '전통지향형'이 주가 되었고, 19세기 초기 공업시대는 가족의 도덕과 가치관이 주요 기준인 '내부지향형' 사회였다. 현대는 주변 또래집단이 가치관과 정체성 확립을 이끄는 '외부지향형' 사회로, 타인들의 생각과 관심에 예민하게 반응하며 집단에서 격리되지 않으려고 노력해, 겉으로는 사교적이지만 내면은 고립감과 불안으로 번민하는 '고독한 군중'이 현대인의 자화상이라고 하였다.

사이버 관계는 신기루
화면을 닫으면 사라져

사람은 외로우면 소속될 집단을 찾고 감정을 나눌 친구를 간절히 원한다. 하지만 사람마다 감정을 느끼는 시기와 상황이 다르고, 인식하는 역치가 다르다. 역치(threshold value)는 문턱값이란 뜻으로 상황이나 자극에 따라 반응이 나타나는 수치나 시작점을 말한다. 같은 상황이라도 개인차가 커서 한 공간에서 누구는 편안한데 누구는 외롭다고 한다. 편안한 사람에게 외롭다고 호소하면 편안한 사람은 당혹스럽고 놀아달라고 요구하면 휴식을 방해하는 셈이다.

외로움과 고독은 사람마다 느끼는 정도가 다른 개인적인 상황이다. 혈압이나 맥박처럼 수치로 나타내지 못한다. 상처처럼 보이지도 않고 화나 흥분처럼 알아채기도 힘들다. 그저 개인이 조용히 느끼는 감정이라 남이 알기 어렵고 알려주기도 쉽지 않다.

바깥으로 향하는 기쁨이나 즐거움은 숨기려 해도 주변이 안다. 좋은 일은 같이하면 더 즐거워 적극적으로 소문을 낸다. 우울이나 불안은 강한 감정이라 말하지 않아도 옆 사람이 눈치챈다. 하지만 조용한 성질인 외로움은 적극적으로 알리지 않으면 아무도 모른다. 타인과 어울려야 하는 조직생활에서도 남은 잘 알지 못한다.

외로움은 관계가 멀어졌다는 신호다. 나를 찾는 사람이 줄고 내가 찾는 사람도 줄어든다. 남이 나를 멀리하고 나도 남을 멀리한다. 겉으로 인사하고 친한 척해도 마음의 벽이 생긴다. 남에 의해 시작된 수동적인 상황이면 더 무력하게 멀어진다.

억지로 관계를 지속해야 하지만 내키지 않는다면 마음속에 항상 이방인이란 생각이 자리한다. 혼자 있고 싶어도 잊힐까 두려워 이러지도 저러지도 못하고 오랜 시간 함께 해도 방수 옷을 입은 것처럼 관계가 젖어들지 않고 미끄러져 내린다. 시간이 흘러도 '나는 나고, 너는 너'다. 내가 상대를 밀어내도 언제든 끌어당길 수 있다는 생각은 착각이다. 남은 내가 부른다고 항상 오지 않는다. 내가 밀어내면 남도 나를 차단한다.

사람과 멀어지는 대신 사이버 세상에서 구원을 찾아봐도 사이버 관계는 신기루다. 화면을 닫으면 사라지는 그 세상은 딱 화면에만 보이는, 잡을 수도 느낄 수도 없는 가상공간이다. 마주 보며 대화하고 감정을 교류하고 시간을 함께했다고 생각해도 만날 수 없는 존재다. 화면을 켰을 때만 친구 수와 추천 수에 위로를 받고 화면을 끄는 순간 공허감은 더 커진다.

손안의 세상이라며 세상을 다 가졌다는 광고는 손안에 머문다. 예쁜 열대어와 흐느적거리는 물풀이 가득한 어항을 보고 있으면 환상적이다.

시간 가는 줄 모른다. 뛰어들어 헤엄치고 싶다. 하지만 몽상이다. 보이는 세상과 살아가는 세상은 전혀 별개다.

　매일 한 공간에서 지내는 주위 사람도 모두 자신의 문제에 빠져 허우적거린다. 타인에게 관심을 줄 여력이 없다. 사람들과 함께 하면서 문득 문득 나는 괜찮을까하는 의문이 든다. 익숙한 공간, 친숙한 사람이 낯설다. 같이 있지만 다가설 수 없다. 함께 있어도 거리는 멀어진다. 그와 나 사이가 썰물처럼 갈라진다.

*

　내가 그의 이름을 불렀을 때 그는 나에게로 와서 꽃이 되었다. 나중에 알았다. 나만 그의 이름을 부른 것이 아니란 걸. 그리고 더 늦게 그는 나의 이름을 부르지 않았다는 사실을 깨달았다. 나도 누군가의 꽃이 되고 싶었다. 그는 나의 꽃이 되었지만, 나는 지금껏 그의 꽃이 되지 않았다.

;

마음이 아프면 몸도 아프다

몹시 초조하거나 안타까워 속이 탈 때 '애간장이 탄다'고 한다. 애간장은 창자의 옛말인 애와 간장을 합친 말이다. 내장이 타들어갈 정도로 긴장되고 답답함을 나타낸다.

비슷한 말로 '단장(斷腸)'이란 단어가 있다. 창자를 끊어내는 고통을 뜻한다. 〈단장의 미아리고개〉는 6·25전쟁 후인 1956년 발표된 트로트 곡인데 전쟁의 비극과 가족을 잃어버린 슬픔을 애절하게 불러 큰 사랑을 받았고, 지금도 계속 리메이크 된다.

단장은 중국고사에서 유래되었다. 진나라의 환온이라는 사람이 촉나라로 가는 도중 그를 모시던 시종이 양자강 삼협에서 원숭이 새끼를 발견하여 배에 싣고 갔는데, 어미가 울부짖으며 100여 리나 쫓아오더니 배에 뛰어들어 죽고 말았다. 죽은 어미원숭이의 배를 갈라보니 창자가 마디마디 끊어져 있었다. 슬픔이 극에 달해 간과 장이 녹아 끊어진 것이다.

*

꽤 오래 전, 하던 일이 안되어 스트레스를 심하게 받은 시기가 있다. 이유 없이 몸이 쳐지고 이곳저곳에 반점도 생겼다. 술을 한 잔만 마셔도 정신이 어지럽고 나도 모르게 고개가 뒤로 툭 넘어가고 잠에 빠졌다. 살짝만 스쳐도 피부가 붉히고 쓰렸다. 당시 아이들은 어리고 사는 것도 힘들어 마음고생이 심했다. 일이 풀리자 별다른 치료를 하지도 않았는데 후유증이나 합병증 없이 다 좋아졌다. 마음이 힘드니까 몸도 따라 아팠다.

몸 따로 마음 따로라고 생각한 때도 있지만 몸과 마음은 서로 영향을 주고받는다. 몸이 아프면 우울하고 잠도 못 자고 자신감도 떨어진다. 마음이 아프면 몸도 영향을 받아 여기저기 고장이 난다. 마음이 압박받을 때 스트레스를 받는다.

스트레스는 살면서 피할 수 없다. 스트레스 연구의 선구자 캐나다 한스 셀리에 박사는 스트레스를 일으키는 인자나 자극을 스트레서(stressor)라 하고 비특이적 반응을 스트레스(sterss)로 구분하였다.

미국 스트레스 전문가 토마스 홈즈와 리처드 라헤가 고안한 스트레스 지수에 따르면 주변 사람의 사망이나 별거 등 외로움과 연관된 일이 발생했을 때 스트레스 지수가 높다고 하였다.

스트레스 반응은 생존을 위한 동물의 생리적, 심리적, 행동학적 반응이다. 스트레스를 받으면 스트레스 호르몬이 분비되고 다른 호르몬 분비에 이상이 생겨 몸의 모든 기능에 혼란이 온다.

스트레스 받으면 우울, 불면증 등 감정이 둔해지고 표현도 잘못해

대표적인 스트레스 호르몬인 코티솔은 원래 스트레스로부터 몸을 회복시키는 작용을 한다. 근육에서 아미노산, 간에서 포도당, 지방조직에서 지방산을 분비시켜 에너지를 회복시키고 면역계의 작용도 억제한다.

스트레스로 인해 발병하는 몸의 증상은 위장장애나 궤양 같은 소화기질환, 혈압이 올라 발생하는 뇌졸중 등의 순환기질환, 근육이 과도하게 긴장되는 근골격계 질환 등이 있다. 근육이 경직되면 항상 뒷골이 뻣뻣하며 두통도 자주 오고 눈도 침침하다. 곰 한마리가 올라탄 느낌이라고 호소할 정도로 어깨, 허리가 뭉친다.

심리적, 신체적으로 감당하기 어려운 상황에 부닥치면 마음도 압박을 받는다. 불안, 우울 같은 증상이 나타나고 심하면 건망증, 신경과민, 수면장애 등을 유발할 수 있다.

스트레스가 만성화되면 오랜 기간 지속적으로 몸에 영향을 미친다. 코티솔 과다 상태의 부작용으로 혈압이 오르고 혈관이 수축되어 피순환 장애가 올 수 있고, 위산분비가 늘어 위궤양이 생기고 소화불량과 변비, 설사를 초래한다. 또 면역세포를 억제해 외부 침입에 대항하는 면역력도 떨어진다. 면역계가 기능을 못하면 세균과 바이러스 공격에 취약해진다.

눈에 보이지 않지만 주위는 온통 병원균투성이다. 변기, 행주, 수도 꼭지, 전화기, 운전대 등 현미경으로 확대해 보면 우리를 둘러싼 무서운 적들이 보인다.

병원균의 침입을 막는 기능이 면역이다.

첫 번째 저지선은 피부고 여기가 뚫리면 몸의 여러 면역세포가 2선을 담당한다. 전투의 증거가 고름이다. 다행히 건강한 사람은 세균에 둘러싸여도 병이 생기지 않는다. 면역기능이 떨어진 대표적인 병이 에이즈(AIDS·후천 면역 결핍증)다.

만성 스트레스는 정신에도 영향을 미쳐 우울증, 불면증, 식욕부진 등이 따라오며 감정이 둔해지고 감정표현도 잘못한다. 의욕이 떨어지고 자존감도 하락한다. 표정은 항상 굳어있고 웃음도 사라진다. 사람들의 평가에 민감해 상처를 잘 받고 사람을 피하는 경향도 생긴다.

사회생활에도 좋지 않은 영향을 끼친다. 마음이 아프면 모든 일에 흥미가 떨어진다. 주변에 대한 관심이 줄고 주위 사람도 그에게 관심이 줄어드는 악순환이 반복된다. 사회적 동물인 사람이 사회에서 멀어지면 불이익이 온다. 장사를 하는 사람이 자기본업에 흥미를 잃으면 매출이 줄어든다. 회사 다니는데 조직생활에 관심이 없으면 사내 분위기나 정보에 뒤져 경쟁에서 밀린다.

누구도 스트레스를 피하지 못한다. 동물, 사람, 어른, 아이도 각자 스트레스를 받는다. 연예계 스타, 힘 있는 정치인, 부자도 마음이 아프고 외롭다고 한다. 모든 것을 가져 부러운 것이 없을 줄 알았는데 그들도 스트레스에 눌려 가끔 극단적인 소식을 전한다.

*

'마리 앙투아네트 증후군'은 머리카락이 갑자기 하얗게 변하는 현상이다. 프랑스 혁명 이후 국고 낭비죄와 반혁명죄로 마리 앙투아네트는 단두대 오르는데 극심한 스트레스를 받아 하루 만에 머리카락이 하얗게 되었다고 한다.

역사에 사례가 더 있는데 고대 그리스 철학자 소크라테스의 제자 플라톤은, 소크라테스가 독약을 먹고 사형당할 때 순식간에 늙었다고 전하면서 머리가 희게 세고 얼굴에 주름이 깊게 패여 마치 노인 같았다고 얘기한다. 중국 춘추시대의 오자서는 오나라로 도망가는 중에 갖은 고생을 겪고 하루밤새 머리카락이 하얗게 변했다고 전해져 내려온다. 몇 가지 가설이 있지만 정확한 원인은 밝혀지지 않았다.

플러스 ────────────────────

사람의 빈자리는 항상 허전하다. 가는 사람은 뒤를 보지 않는다. 지켜보는 사람을 생각하지 않는다. 하지만 보내는 사람은 가는 이의 뒤만 쳐다본다. 가는 사람이 뒤를 보면 더 마음이 무겁다. 보내는 사람과 가는 사람은 눈이 마주치면 안 된다. 서로 가슴이 더 아프다.

로세토 효과

　　'외로움 사무쳐… 포옹 서비스에 몰
리는 뉴요커… 이용객 90% 급증… 1시간 80달러… 상실감 큰 40~60대 남
성이 주요 고객'

　　2018년 12월 31일자 조선일보에 실린 해외뉴스다. 미국에서 연말이
되자 감성적 웰빙과 위안, 외로움 해소 등을 모토로 내건 서비스가 인기를
얻고 있다는 내용이다. 또 미국 뉴욕포스트 신문은 '포옹서비스 제공업체
의 연말 고객 예약건수가 올 한 해 평균보다 50%, 작년 연말 대비 90% 늘

었다'고 보도했다. 주요 고객은 불안, 스트레스, 상실감을 느끼는 사람이고 대부분 40대에서 60대 남성이라고 한다.

나 같으면 낯선 사람과 포옹을, 특히 남자가 해준다면 돈을 내가 받는다고 해도 거절하겠지만 돈으로 사는 포옹 서비스는 엄연히 실재하는 사업이다. 그만큼 체온이 그립다는 얘기이고 사람은 살을 접촉하고 살아야 하는 존재이며, 외로움은 돈을 쓰면서까지 피할 정도로 심각한 감정이란 의미다.

*

혼밥, 혼술이란 말을 처음 들었을 때 나는 영혼이 먹는 제삿밥, 제삿술인 줄 알았다. 지금은 혼자 먹는 밥, 술을 뜻하는 일상용어로 사용한다. 밥, 술만 아니라 주위를 보면 편의점 도시락에서 빨래방까지 혼자 의식주를 해결하는 생활은 이제 익숙한 풍경이다.

마트에 진열된 다양한 1인용 상품을 보면 일부러 사용해 보고 싶은 생각도 든다. 하긴 요새처럼 갈수록 복잡해지는 세상에서 혼자 살면 편할 것 같기도 하다.

그래도 '혼자'라는 말은 아직 무겁다. 혼자라고 하면 외롭겠다, 힘들겠다, 문제가 있겠지 같은 안타까운 느낌이 먼저 떠오르고 혼자된다는 것은 나를 슬프게 하고 혼자되었다면 갈라섰다는 의미가 동반된다. 혼자라는 말에 부정적인 이미지가 겹치는 현실은 어쩔 수 없다.

자라면서 밥은 함께 먹어버릇해서인지 아직도 혼밥은 어색하다. 집에서 혼자 밥 먹을 때도 꼭 TV를 켜거나 신문, 책을 본다. 조용히 밥과 독대하면 음식 맛을 느끼기 앞서 처량한 생각이 든다. 아직도 음식은 음미하기보다 관계를 잇는 도구로 생각하는 편이다.

혼밥도 단계가 있는데 편의점이 1단계고 백반집이나 중국집, 푸드코트, 경양식집, 삼겹살집, 뷔페식당 순서로 올라간다고 한다. 편의점은 많이 다녀봤고 백반집, 중국집은 가끔 혼자서 가지만 그 위 단계는 아직 시도하지 못했다.

혼자라는 말에 외롭겠다, 힘들겠다
부정적인 이미지가 겹치는 현실

한때는 혼자 우아하게 컵라면 먹고 '폼나게 깡소주'를 마시곤 했지만 언젠가부터 창에 비친 모습이 초라해 보였다. 젊어서 마시는 '깡술'은 낭만이 있어도 나이 든 혼술은 그리 멋있지 않다. 남자들은 가끔 혼자 술 마시는 모습이 멋있다고 착각하는데, 현실은 남자인 내가 봐도 멋은커녕 청승맞고 집에서 쫓겨났나하는 불쌍한 생각만 든다. 젊은 고독은 낭만이지만 늙은 고독은 처량하다.

현대사회에서 외로움의 폐해를 극단적으로 보여주는 사건이 고독사다. 비슷한 말로 법률 용어인 무연고 사망이 있다. 주변 사람들과 단절된 채 홀로 쓸쓸하게 사망하는 것을 말한다. 노령화가 일찍 진행된 일본은 오래전부터 사회문제가 되었고 얼마 전부터 한국도 본격적으로 문제가 되고 있다.

고독사는 매년 늘어난다. 보건복지부에 따르면 2011년 682명이던 무연고 사망자는 2017년에 2010명으로 늘어 7년 만에 3배 정도 늘었고 나이, 신분, 재산, 지역을 가리지 않고 발생한다. 일본은 고독사 대비책으로 고령자가 혼자 사는 집에 흰 수건을 걸어두는데, 만약 수건이 안 걸리면 신변에 일이 생겼으니 찾아와 달라는 뜻이라고 한다.

고독사 못지않게 '기러기 아빠'도 사회문제다. 내 주변에도 가족을 외국이나 타지로 보내고 혼자 지내는 지인이 몇 명 있다. 통계청 추산에 따르면 2013년 기러기 가정은 115만 가구, 기러기 아빠가 50만 명에 이른다. 2016년 통계는 1인 가구가 530만 가구에 육박하고 이 중 59%는 기혼자로 이른바 '기러기'였다.

기러기 아빠의 비극은 심심찮게 보도된다. 가정파탄이나 돌연사는 이제 뉴스도 아니다.

그 외 학업과 취업문제로 집을 떠나 사는 청년도 많다. 원해서라면 스트레스가 덜할 텐데 장래가 불안한 상태에서 집을 떠나면 많이 쌓인다. 시대는 갈수록 사회, 가족, 사람들을 해체한다. 공동체가 파괴되면서 지금도 많은 문제점이 나타나고 있지만 앞으로 개인과 사회에 더 큰 부작용을 일으킬 것이다.

사회적 동물인 사람은 공동체를 이루고 살아야 건강하다. 함께 살아야 된다는 사례를 대표적으로 '로세토 효과(Roseto effect)'가 보여준다. 로세토는 미국 동부 펜실베이니아 주 해안에 이탈리아 이민자들이 사는 작은 마을로 1960년대에 인구조사를 하다가 놀라운 사실을 발견했다.

마을에 심장마비로 50대 이전에 사망한 사람이 거의 없었고, 45세 이전에 심장마비로 죽은 사람은 1971년에 처음 나타났다. 주민 중 상당수가 지나치게 술 마시고 식습관도 심장병에 좋지 않은 소시지나 미트볼 같은 음식을 많이 먹는데도 건강에 문제가 없는 현상을 설명할 수 없었다.

연구결과, 주변 사람들과 친밀한 관계가 해답이었다. 이 마을은 모두 친한 이웃들이었다. 미국의 다른 도시나 마을에 비해 훨씬 관계가 친밀했다. 할아버지 할머니부터 손주들까지 함께 사는 대가족이 많았고, 정기적인 마을 행사에 주민들 모두 참여했다. 새로 이사 온 사람도 공동체에 동화되어 심장마비 위험성이 감소했다.

주변과 친밀한 관계만 유지해도 외로움이 감소되고 또 심혈관계 질환 위험도가 떨어진다. 로세토 효과는 사람들 사이의 관계가 건강에 미치는 영향을 증명한다.

사회적 동물인 사람은
공동체를 이루고 살아야 건강

사람은 함께 살아야 행복하다는 연구결과는 많다. 옥시토신은 출산 때 엄마의 뇌하수체에서 분비되는 자궁수축 호르몬인데 정서적 안정감, 친밀감, 신뢰와 관련이 있다. 또 사회적 교감이나 부부애, 모성 본능을 촉진해 사랑의 호르몬이라고도 한다. 아기가 젖을 빨 때도 나와 엄마와 아기의 친밀감을 높인다. 아울러 도파민과 함께 사랑하는 과정에 중요한 역할을 하고 따뜻한 온도에서 신체를 접촉하면 분비가 늘어난다. 사회와 개인에게 공동체와 친밀한 관계 형성은 건강의 필수요소이고 로세토 효과의 원인이 옥시토신이 아니었을까.

미국 심리학자 에이브러햄 매슬로우는 친밀한 관계 맺기는 사람의 기본 동기고 행복을 결정한다고 했다. 행복의 조건 1위가 사랑과 결혼이라고 주장한 학자도 있고, 괴로운 기억 중 50%이상이 인간관계의 어긋남을 꼽은 연구도 있다.

대인관계가 좋지 않은 고독한 사람은 질병 감염과 조기 사망할 가능성이 2배에서 5배까지 높아진다고 한다.

혼자서도 행복한 사람은 혼자 살아도 되지만 대부분의 사람은 모여 살아야 옥시토신이나 세로토닌이 분비되면서 안정을 얻는다. 하루 중 일정 시간이나 삶의 일정 기간을 혼자 보내더라도 살을 접촉하고 살아야 행복하다. 떠들썩한 군중 속에 있어야만 하는 것은 아니고 한 명이든 두 명이든 친밀한 관계를 유지해야 삶이 안정된다. 사람은 대부분 '혼자'보다 '여럿'이 사는 것이 본성에 가깝다.

*

1959년 미국 위스콘신대 심리학과 해리 할로 교수팀은 원숭이를 대상으로 '애착실험'을 했다. 새끼원숭이를 격리시켜 2종류의 모형 어미원숭이와 함께 있게 한 실험이다. 차갑고 딱딱한 철망몸틀에 달랑 우유병을 걸어놓은 '철사어미'와 우유병은 없지만 헝겊으로 철망몸틀을 칭칭 두른 '헝겊어미'를 우리에 놓았다.'

그때까지 정설은 갓 태어난 새끼원숭이는 젖을 먹으러 철사어미에게 달라붙을 거라고 생각했는데, 새끼원숭이는 엄마와 '접촉'을 더 원했고 우유 먹을 때 빼고 따뜻함을 주는 헝겊어미 곁에 주로 있었다. 이 실험으로 애착에는 정서적인 만족이 중요하다는 점이 밝혀졌다.

나는 내가 강한 줄 알았다

'신선놀음에 도끼자루 썩는 줄 모른다'는 속담은 신선들이 바둑 두는 것을 구경하다 보니 수백 년이 흘렀다는 설화에서 유래했다. 단편소설《립 밴 윙클》은 미국 작가 W.어빙 작품으로, 주인공이 산에 사냥 갔다가 낯선 사람들을 만나 술을 얻어 마시고 취해 하룻밤 잠들었는데 깨어나 보니 20년이 훌쩍 지났다는 내용이다.

시간이 잠깐 흘렀다고 생각했는데 현실에서 수십 년이 지났다는 과장 섞인 줄거리지만 일상에서도 '아니 시간이 벌써?' 할 때가 많다. 살다 보면 눈코 뜰 새 없이 바쁜 날이 있다. 그런 날은 아무 생각이 나지 않는다. 배고픈 줄도 모르고 피곤한 줄도 잊는다. 좋아하는 일에 푹 빠지거나 일이 너무 바쁠 때 어떻게 시간이 갔는지 모른다.

*

나는 의대 졸업 후 인턴 과정이 시작되는 3월부터 가장 힘들다는 응급실, 중환자실을 연이어 돌았다. 일은 해도 해도 끝이 없어 다른 생각을 할 겨를이 없었다. 중환자실에서 의식 없는 환자의 회생을 위해 분투하던 어느 날, 창이 너무 환해 밖을 보니 목련이 활짝 피어 있었다. 4월이었다. 늦겨울이 지나가고 계절이 바뀐 걸 한참 지나 알았다.

정신없이 집중하다 문득 고개를 들면 '혼자'라고 생각될 때가 있다. 한 주제에 몰두한 시간 동안은 현실과 괴리가 생긴다. 시계를 보면 한참 지나가 있기 일쑤다. 집중은 대부분 혼자 있는 시간에 이루어진다. 집중에서 벗어나면 갑자기 지금과 다른 쓸쓸하고 허전한 느낌이 밀려온다. 집중이 강할수록 후유증은 크다. 젖 먹던 힘까지 짜내면 무기력한 시간은 오래 간다. 불이 셀수록 탈 장작들은 없다.

나는 어릴 때부터 혼자 노는데 익숙해 혼자 있어도 크게 불편하거나 소외된다고 느끼지 않았다. 오히려 사람들이 많은 장소나 주목받는 상황이 어색했고 남 앞에 드러내는 걸 싫어했다. '혼자'라는 생각은 초등학교 5학년 때 시골에서 도시로 전학 와 처음 한 듯하다. 낯선 도시 친구들 사이에서 격리된 외톨이가 된 느낌이 들었다. 물리적 공간에서 혼자 있을 때가 아닌, 사람들 사이에서 '혼자 된 느낌'을 처음 알았다.

익숙한 세상 무너지면 틈새에
슬픔 불안 외로움 등 낯선 감정 슬쩍

다음해 6학년 때 초대받아 간 친구 생일잔치에서 과자도 먹고 주인공이 되는 친구가 부러웠다. 엄마에게 나도 생일파티 해달라고 졸라 날짜를 잡았는데, 내 생일은 한겨울이고 방학 중이어서 친구들과 연락하기 힘들었다. 당시는 휴대전화기가 없어 직접 찾아 가거나 집으로 전화하는 방법뿐이었다.

막상 준비를 해보니 친구들 초대하기가 쉽지 않았다. 그때 세상은 나 혼자 사는 게 아니라 같이 어울릴 친구도 필요하다는 사실을 알았고, 빈 생일상을 생각하니 울음이 나오려 했다. 그래도 친한 동네 친구들은 전부 와주어서 열 명 남짓이었지만 기분 좋게 생일을 보냈다.

대학시절 초반은 연극에 빠져 지냈다. 연출할 때는 방학 두 달 동안 거의 매일 12시간 이상씩 미쳐 살았다. 모든 시간, 모든 열정을 쏟아 부어 완성도 높은 작품을 만들겠다는 생각만 했다. 연극은 희곡을 해석해 연출이 만든다. 시작과 끝, 연기, 대사는 모두 연출의 머릿속에서 나온다. 극단적으로 비유하면 배우는 연출의 바둑알이고 무대는 바둑판이다. 하지만 실제 연극을 하는 배우도 인격체고 연기에 대한 자존심이 높다. 여기서 연출이 과욕을 부리면 배우와 충돌한다.

연습이 중반을 넘은 어느 날 연습장 분위기가 썰렁했다. 배우들이 연출을 너무 자기 마음대로 한다며 더 못하겠다고 항의했다. 나는 혼신의 열정을 기울였는데 소통에 실패했구나 하는 생각에 아찔했다. 모든 배우들이 나와 반대편에 서니 아무 말도 나오지 않았고 혼자라는 생각에 자신감이 사라졌다. 한참 말없이 있다가 연극도 어느 정도 완성됐으니 내가 물러나겠다고 폭탄선언을 했다. 배우들이 더 놀라 서로 양보하는 선에서 마무리 지어 연극은 성공적으로 끝났다.

몇 달을 같은 목표로 매달린 후배들인데 나와 생각이 전혀 다르다는 걸 알고 이질감에 당황했다. 내 의견 하나하나에 반박이 이어져 내 편이 없다는 생각에 어쩔 줄 몰랐다. 여럿이 있어도 나만 소외된 상황이 외로워 도망치고 싶어 관둔다고 했다.

함께해도 다른 방향을 보고 있다면 동떨어진 느낌이 든다. 생각이 다르다는 현실을 알면 그때부터 낯설고 거리감이 생긴다. 익숙한 세상이 무너지면 틈새에 여러 감정이 끼어든다. 슬픔, 불안, 외로움, 무서움 등등 낯선 감정들은 어디서 온 걸까.

그저 문득 느낀다.

외로울 때 언제든지 벗어날 수 있다면 참을 만하다. 하지만 무인도나 남극처럼 내 의지로 벗어날 수 없는 공간에 혼자만 남는다면 외롭다 못해 무서울 것이다.

절실하게 몸부림을 치더라도 벗어날 수 없다면 절망한다.

사람들 사이에서 느끼는 외로움은 더 무섭다. 가족과 친구가 있고 언제든지 어울릴 수 있는데 만날수록 가슴이 허전하다면 당혹스럽다. 섬이라면 뭍으로 나가는 희망이 있고, 군대는 제대할 기약이 있지만, 외로움을 사람들이 주는 게 아니라 내 안에서 올라오면 털어내기 힘들다. 아무리 도망쳐도 벗어날 방법이 없고 답을 구할 수 없을 때 암담하다. 늪에 빠져 허우적댄다. 벗어나려고 노력할수록 더 가라앉는다. 지금까지 잘 대응하던 방법이 하나둘 힘을 못 쓰면 무섭고 도망가고 싶다. 이대로 세상과 멀어지는 걸까, 세상에서 잊히는 걸까 걱정이 꼬리를 문다. 내 인생이 이걸로 끝나는구나 생각까지 이른다.

그러나 지나고 보면 죽고 싶을 정도로 힘든 외로운 순간도 시간이 지나면 잊힌다. 바늘에 찔린 날카로운 통증도 시간이 지나면 기억이 가물거린다. 시간은 모든 걸 덮고 무심한 기억이 남는다. 감정에 끌려가면 다치기 쉽다. 사건 하나하나 반응하면 감정에 타 죽는다. 그 순간 절체절명의 느낌이 들었지만 지나면 진짜 아무 일도 아닌 경우가 대부분이다. 절망은 죽음에 이르는 병이라지만 만성병이고 지나친 감정대응은 급성병이다.

*

그리스 신화에서 오디세우스는 세이렌의 바다를 지날 때, 자기 몸을 돛대에 묶고 자신이 무슨 행동을 하더라도 절대 풀지 말라고 명령한 뒤 부하들 귀는 촛농으로 막았다. 바다의 요정 세이렌의 노래에 홀린 오디세우스는 배를 돌리라고 몸부림치며 세이렌에게 가자고 악을 썼지만 부하들은 듣지 못하고 노 저어 바다를 지나갔다. 귀가 막힌 부하들 덕분에 모두 목숨을 건졌다.

세이렌의 노래는 목숨을 포기할 정도로 유혹적이다. 평범한 사람은 의지만으로 유혹을 벗어날 수 없다. 촛농으로 귀를 막거나, 억지로 묶어 자리를 피해야 간신히 벗어날까 말까 한다.

문득 세상이 낯설다

연리목(連理木)은 뿌리가 서로 다른 나무의 줄기가 이어져 한 나무처럼 자라는 현상이다. 한자로 이을 연(連), 이치 이(理), 나무 목(木)인데 두 나무가 자라면서 줄기가 붙어 마치 한 나무처럼 보인다. 연리지(連理枝)는 가지, 연리목은 줄기가 붙은 상태다.

연리목은 두 나무가 붙어 하나가 되었다는데, 의미를 두어 남녀의 진정한 애정을 비유하여 사랑나무라고 한다. 연리목 앞에서 연인은 사진을 찍고 서로 변치 않는 사랑을 맹세하지만 나무 입장에서 보면 결코 유쾌하지 않다. 원하지 않은 자연산 접붙이기가 일어난 건데 사랑의 상징이라고 떠받드는 꼴이다.

*

사람은 동물과 다르다. 사람은 지능이 높고, 감정도 다양하고, 문명도 만들었다. 하지만 살펴보면 같은 점도 많다. 특히 생존영역에서 감성과 본능적인 반응이 거의 같게 나타난다.

'사람은 사회적 동물이다'라는 말은 사람 종의 특성을 제대로 나타낸 명제다. 사람은 수십만 년간의 진화과정에서 혼자된다는 것은 치명적인 위험이었다. 무리에 소속되어야 안전이 보장되고, 외부공격도 피하고, 먹이도 구하고, 번식도 가능했다.

동물은 혼자 있을 때 위험하다. 무리에서 떨어지면 공격을 받거나 먹잇감이 되기 쉬워 대부분 희생된다. 포식자는 낙오된 동물을 노린다. 떼로 모여 있으면 일부러 가운데로 뛰어들어 흩어놓는다. 그리고 도망가지 못하고 뒤처진 동물을 공격한다.

자연에서 죽느냐 사느냐 시각에서 보면 혼자는 절대적으로 위험하다. 생존이 최우선인 본능과 충돌하는 상황이다. 혼자는 위험하니 피하라고 재촉하는 신호가 외로움이다. 집단으로 살아야 할 이유가 많은 사람은 혼자되면 불리하다는 경고로 대물림되었고 혼자 있을 때 주로 나타난다.

혼자라서 외로운 것이라면 남과 함께 있으면 외롭지 않아야 하는데 현실은 다른 사람과 어울려도 외롭다. 어떤 노력을 해도 떨쳐버리지 못하는 외로움은 사람의 본성 중 하나라는 생각이 든다.

'사람은 언제나 혼자'라는 사실
인생을 관통하는 진리 중 하나

생명체의 최소단위는 세포다. 세포는 세포벽으로 외부세계와 격리되어 독자적으로 생존하고 기능한다. 세포가 모인 생명체도 피부로 둘러싸여 외부를 차단하고 독립된 내부 환경을 유지한다. 생명은 가장 최소단위부터 최고단위까지 단독으로 존재하며, 생명체는 번식기능을 제외하고 독자적으로 사고하고 행동하며 살아간다. 세포도 스스로 분열하면서 생명을 이어간다. 동물, 식물, 단세포 생물, 고등 생물이 서로 필요해 모여 살아도 생존은 혼자의 영역이다. 이 거리가 외로움일까.

나무가 모인 숲, 보기에 평화롭다. 하지만 나무도 살기 위해 투쟁을 한다. 나무군락끼리 경쟁이 일어나 약한 수종은 도태되고 강자가 지배한다. 넝쿨이 나무를 감고 자라면 한몸처럼 보여도 실상은 치열한 생존투쟁을 하는 중이다. 하나가 죽는 일이 생길 정도로 '너 아니면 내가 죽기'의 싸움터이다. 나무군락도 본질은 '같이 또 따로'다.

합쳐서 커지는 변신합체 로봇은 항상 인기 있다. 혼자 싸우다 힘이 부치면 합체해서 더 크고 힘센 존재가 되는데 사람도 저렇게 합체하면 어떨까 생각한 적 있다. 개인은 불가능하지만 집단은 합체되어 커진다. 군대는 병사가 분대, 소대, 중대, 대대, 연대로 소속되어 전투를 한다. 그래도 조직 안에 개인은 각각 존재한다.

사람은 도시를 만들고 모여 산다. 그러나 함께 살아도 생존에 대한 책임은 각자의 몫이다. 같이 밥 먹어도 내 입으로 씹고 삼키고 소화한다. 먹고 마시고 배설하고 번식하는 일은 철저히 개인 차원의 행동이다. 번식도 개인영역이고 육아도 개인이 담당한다. 생존에 유리하니까 공동생활하고 사회를 이루지만 기본적인 생명활동은 각자의 책임이다.

친구는 영혼의 결합, 부부는 일심동체라고 하지만 붙어 지내도 몸과 마음은 제각각으로 산다. 필요해서 삶의 일정 기간을 밀접하게 함께 지내도 언젠가 헤어진다. 둘이 모여 하나가 되지 않고 둘은 영원히 둘이다.

마음은 완전히 따로따로다. 동물이나 식물이, 마음이 있는지 눈에 보이지 않아 알 길 없다. 일부 지적인 반응을 보이는 동물이 있지만 그걸 마음이라고 하기는 부족하다. 감정이 있고 기억하며 자아를 인식하는 것을 마음이라고 할 때, 마음이 있는 생명체는 지구상에 사람뿐일 것이다. 마음은 몸보다 더 독립된 존재다.

남과 구분된 몸, 구별되는 정신이 합쳐 한 사람을 형성한다. 그리고 마음 깊숙한 곳에 아무리 친하거나 붙어 지내도 남과 결코 합쳐질 수 없는 영역이 있는데 '자아'라 하고 '나'라고도 한다. 남과 다르고 보여줄 수 없는 핵심 영역이다.

빵빵한 풍선 2개를 마주 대고 밀면 딱 붙는다. 힘을 더 가하면 더 강하게 밀착한다. 물 한 방울 통과 못한다. 그러다 더 세게 밀면 터진다. 마음도 마찬가지다. 강하게 다가가면 하나가 되는 듯해도 터지거나 반발력으로 튕겨 나간다. 마음도 몸도 하나가 될 수 없다. 생명의 기초 단위인 세포부터 최고 고등기능인 마음까지 혼자 존재한다.

어린 시절 들을 때마다 거부감이 든 말 중 하나가 '너도 나중에 커 봐라. 나이 들면 안다'였다. 나는 어른이 되면 절대 그런 말 하지 않겠다고 다짐했다. 사람은 다 똑같은데 나이를 강조하면 고리타분해 보였다. 하지만 지금 생각하면 나이는 단순한 세월의 덧셈이 아니라 경험이었다. '너도 나이 먹어 봐라'는 말은 살아보니 부정할 수 없는 삶의 진리다.

'사람은 언제나 혼자'라는 사실은 인생을 관통하는 진리 중 하나다. 사랑하는 사람과 어깨를 같이해도 그는 그고 나는 나다. 사랑하는 사람을 평생 가슴에 안고 살아도 내 품에 안은 그는 내가 본 그의 일부에 지나지 않는다. 내가 사랑한 사람은 그가 아닌 내가 보고, 느끼고, 생각하고, 만든 그다. 슬프지만 '그'를 다른 '그'로 바꿔도 내 사랑은 변하지 않는다. 내가 사랑한 그가 한 명이면 일편단심이고 여럿이면 바람둥이라고 한다. 그래서 '사랑해 그 순간만은 진실이었어' 노랫말은 맞는 말이다.

아무리 '사랑을 다해 사랑했노라' 하고 일정 기간을 공유하는 감정과 일체감의 추억이 있어도, 영혼과 육체가 화학적으로 하나 되기는 불가능하다. 하나가 되고 싶은 염원을 담아 한 무덤에 묻혀도 개인의 애절한 바람일 뿐 늘 혼자 가는 길이다.

*

지금까지 엄청나게 친하다고 생각한 그가 문득 낯설 때가 있다. 그가 변했다는 생각이 든다. 그러나 대부분 내가 변한 것이다. 사람의 인격은 다면체다. 얼굴도 앞, 옆, 뒤가 있듯이 인격도 다양한 면이 있다. 좋을 때 그와 마주한 면이 있고 싫을 때 마주한 면이 있다. 내 인격이 회전을 하면 그의 인격도 회전한다. 갑자기 그가 낯설게 보여도 낯설다고 너무 놀라지 말자. 기다려라, 익숙한 면이 다시 나온다. 내가 외로워 그를 만났고 그도 외로워 나를 만났다. 내가 그를 만나도 외로움이 사라지지 않았듯, 그도 나를 만났어도 외로움은 남았다. 불쑥 올라오는 서로의 외로움에 당황할 필요는 없다.

혼자라는
것

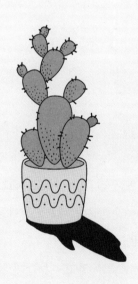

생각해보니 항상 혼자였더라

'삐삐로타 델리카테사 윈도세이드 맥크렐민트 에프레임즈 도우터 롱스타킹'은 내가 일부러 기억하는 가장 긴 이름이다. TV드라마 〈말괄량이 삐삐〉 주인공의 원래 이름인데 너무 길어 아빠가 붙여준 별명이 삐삐다.

삐삐는 얼굴에 주근깨 가득하고, 양 갈래로 땋은 빨간 머리에 항상 무릎 위까지 올라오는 긴 양말과 커다란 구두를 신고 다닌다. 엄마는 천국에 있고 아빠는 식인종의 왕(실제는 해적 선장)이라고 한다. 돈도 엄청나게 많고 닐슨 씨라는 원숭이와 말아저씨라고 부르는 말과 뒤죽박죽 빌라에서 혼자 산다.

동네 아이 토미, 아니카와 함께 다양한 모험을 하고 힘도 무척 세서 악당을 번쩍 들어 물리친다. 어른들 말은 듣지 않고, 학교도 가지 않고, 선생님을 골려 주며, 천방지축 자기 마음대로 살아간다. 말괄량이 삐삐의 모습은 자유롭고 통쾌하다. 아이가 혼자 살면 외로울 것 같은데, 그렇지 않고 항상 씩씩하고 즐겁다.

*

정신없이 노는 아이들을 보고 있으면 마음이 편하고 미소가 절로 나온다. 고민도 없고, 즐겁고 잘 웃고, 놀다가 졸리면 자고 아무런 걱정이 없어 보인다. 하지만 그 나이는 그때에 맞는 고민이 있다. 나도 지금까지 기억나고 또 해결되지 않은 어릴 때 고민이나 사건이 있다. 그때나 지금도 친구나 가족이 해결해 주지 못한다. 오히려 대부분 친구나 가족이 고민의 원인이다.

힘든 시절 위로해 준 마음의 친구는 누구나 있을 것이다. 항상 옆에 있고, 위로해 주고, 기쁠 때 같이하며, 성장기에 꽤 오랫동안 내 마음을 제일 잘 알고, 어른이 되어도 힘들 때 가끔씩 찾아오는 사람들이 친구다. 내가 찾으면 늦은 밤에도, 눈비가 와도, 싫은 소리 않고 와주는 빨강머리 앤, 캔디, 삐삐도 친구다.

나는 어릴 때 외롭다고 생각한 적은 별로 없고 심심하다고 느낀 적이 많다. 그런데 언제부터 외롭다고 생각했을까. 아마 외로움이란 단어를 알고부터일 것이다. 그냥 혼자 심심한 시간을 언젠가부터 외로움인 거야 규정지은 듯하다.

삶을 가족과 친구와 함께해도
인생은 외로운 시간의 연속

뉴스에서 자꾸 외로움은 나쁘고 만병의 근원이라 속삭이면서 고독사, 외로운 늑대 등 좋지 않은 단어를 퍼트린다. 외로움이 나쁘다고 생각하지 않는데 나쁜 걸까? 의문을 강요한다.

외로운 시간은 아주 어린 시절부터 자주 겪었다. 어렴풋한 기억에 예닐곱 살 때, 우겨서 가족과 따로 잔 날이 있다. 미닫이문을 열어놓은 옆방이라 사실상 한방인데 밤이 깊어가자 덜컥 겁이 났다. 그래서 촛불을 켰다. 촛불에 비친 옷 그림자는 너무 길고 으스스했다. 불빛을 본 엄마한테 불이 나면 어쩌려고 꾸중을 들었다. 그 뒤 한참 동안 혼자 잘 엄두를 내지 못했다.

크면서 자기 방이 생기면 한집안이지만 가족과 거리감이 생긴다. 전등을 끄면 순간 겁이 난다. 밖에서 익숙한 소리가 들리면 안심되는데 한밤중에 화장실 가려고 눈을 뜨면 다시 잠들기 어렵다. 무서운 생각이 계속 몰려온다.

엄마는 아이를 재울 때 옆에 있다가 아이가 잠들면 조용히 방을 나간다. 잠들기 전 엄마가 옆에 있었는데 눈을 뜨면 아무도 없다. 그렇게 반복하면서 익숙해진다.

사람은 삶의 3분의 1을 자면서 보낸다. 이 시간은 누구도 같이할 수 없다. 한방에서 함께 잠을 자도 잠들면 혼자다. 품에 꼭 안긴 갓난아기와 엄마도 잠에 취해 스르르 떨어진다. 꼭 붙어있는 연인도 자다보면 뒤척이며 등을 돌리고 잡은 손도 저절로 풀린다. 잠 속에서 꿈은 각자의 경험이다. 절대적으로 1인극이다. 남이 꿔주지 못한다. 태몽을 꿔준다고 해도 내 것은 아니다. 둘이 같이 꿀 수 없다. 잠자는 동안은 완전히 단절된 개인시간이다.

인생은 외로운 시간의 끊임없는 연속이다. 삶의 첫 시작인 출생은 혼자되는 첫 번째 행사다. 축복을 받으며 태어난 아기도 탯줄이 잘리면 엄마의 뱃속세상과 이별하고 낯선 세상에 제 발로 서야 한다. 자기 세상을 만들고 독립해 살아갈 준비를 해야 한다.

세상을 마치는 순간은 진정한 혼자되기다. 가족과 임종을 같이해도 떠나는 길은 누구도 함께 못한다. 아무리 손잡고 세게 포옹해도 떠나는 삶을 막고 잡을 방법은 없다.

세상의 모든 부귀영화와 아픔을 놓고 간다. 떠나는 사람은 모든 것을 놔두고 뒤도 보지 않고 떠난다.

죽은 뒤 혼자 갈 길이 두려워 권력자는 인류 역사에서 가장 야만스런 풍속인 산 사람을 같이 묻는 순장을 행하였다. 권력자가 저승길을 현세처럼 편하게 가겠다는 탐욕은 저주받을 짓이지만 누가 저승길을 함께 갈까? 죽은 뒤 이승의 권력이 사라지면, 함께 묻힌 사람은 사후세계에서 권력자를 반드시 복수할 것이다.

삶의 과정을 가족과 친구와 함께해도 틈은 너무 많다. 인생의 시작과 끝은 혼자다. 생명이 잉태되는 순간 기억나지 않는 아이 때부터 생명이 끝날 때까지 혼자 있는 시간은 피할 수 없다.

*

틴커벨은 피터 팬 옆을 지킨다. 사람은 태어날 때, 그의 요정도 함께 태어나는데 '요정이 어디 있어?' 부정하는 말을 할 때 요정은 죽는다. 외로움도 사람과 같이 태어난다. 우리는 모두 자기와 같은 '외로움 요정'이 있다.

틴커벨이 날개가루를 뿌리면 하늘을 날지만 '외로움의 가루'를 뿌리면 하늘을 날다가 땅에 내려앉는다. 부정할수록 힘이 세지는 외로움의 가루는 우리를 차분하게 만든다. 못 본 채 해도 사라지지 않고 외면할수록 커진다. 천장이 높아지고 벽은 멀어진다. 이불을 뒤집어써도 눈물이 나고 한숨만 내쉰다.

단단했던 마음이 조각나는 날

               J.J 톨킨 소설을 원작으로 피터 잭슨이 감독한 영화 〈반지의 제왕〉 3부작은 영화역사에서 가장 성공한 판타지 시리즈로 꼽힌다. 1부에서 3부까지 탄탄한 전개와 출연자들의 세밀한 심리묘사, 배우들의 개성 있는 성격연기, 선악의 대립 등 몇 번을 봐도 감탄이 절로 나온다.

    시리즈 2부 〈두 개의 탑〉에서 영화사상 최고의 공성전이라고 해도 손색없는 '헬름 협곡의 전투 장면'이 나온다. 사루만의 우르크하이 대군의 공격에 맞서 아라곤 일행은 중간 대륙의 운명을 걸고 일전을 벌인다. 로한의 왕 세오덴은 헬름 협곡의 천연 요새는 적의 어떤 공격에도 끄떡없다고 호언하며 여자와 노인, 아이를 모두 협곡 내 요새로 피난시키고 전쟁 준비를 한다.

그러나 성은 너무 허망하게 무너진다. 성의 구조를 잘 아는 배반자가 폭약을 배수로에 터트리도록 정보를 알려주어 적의 공격에 폭약이 터지고 성의 한쪽이 무너진다. 적은 성안으로 쳐들어와 파멸 직전까지 몰고 간다. 협곡의 요새는 절대 무너지지 않는다했지만 배수로가 약점이었다.

*

나는 바다에 가면 늘 새롭다. 끝없는 수평선을 보면 가슴이 뻥 뚫리고 기분이 확 풀린다. 항구는 항상 신기해 구경하기 바쁘다. 특히 바다에 떠 있는 거대한 쇳덩어리인 배를 보면 경탄이 절로 나온다.

큰 배를 바다에 고정시키는 역할을 닻이 한다. 쇠사슬로 연결된 닻은 바다 바닥에 파고들어 배를 정박시킨다.

배가 클수록 사슬은 굵다. 어른 팔다리만큼 굵은 쇠사슬은 절대 끊어지지 않을 것처럼 보인다. 사슬을 잇는 고리가 한 번에 끊어지는 일은 거의 없지만 사슬에 큰 힘을 가하면 그중 약한 고리 하나가 부서진다. 그러면 굵은 사슬도 끊어진다.

전쟁에서 이기려면 적의 가장 약한 부분을 집중해 공략하면 적은 쉽게 무너진다. 장점은 살리고 약점을 잘 방어해야 이긴다. 약점은 겉으로 쉽게 드러나지 않아도 누구나 있다. 공격에 잠깐 움찔할 수 있고 어떤 경우는 치명상으로 이어진다. 아킬레스의 발뒤꿈치가 대표적인 예다. 그는 영웅 펠레우스와 바다의 여신 테티스 사이에서 태어났다. 어머니 테티스는 아이가 태어나자, 강물에 몸을 담그면 화살이나 창에 찔려도 상처를 입지 않는다는 스틱스 강에서 목욕을 시켰다. 하지만 여신이 아기의 발뒤꿈치를 잡고 강물에 담가 그 부위는 강물에 닿지 않아 아킬레스의 단 하나뿐인 약점이 되었다.

그리스 최고의 전사가 된 아킬레스는 트로이 전쟁에서 으뜸가는 영웅이 되었지만 트로이 왕자 파리스의 화살에 발뒤꿈치를 맞고 죽는다. 그래서 발뒤꿈치 힘줄은 '아킬레스 힘줄'이라 부르고 '치명적인 약점'이란 뜻으로 사용한다.

마음을 아무리 굳게 먹어도
틈새는 여기저기 많다

감정도 약점이 있어 건드리면 마음이 흔들린다. 대부분 과거의 아픈 기억과 관련 있다. 감정조절이 힘든 상황이거나 민감한 주제와 부딪힐 때 사람들은 '욱'한다. 이때 상황을 잘 통제하고 반응을 적절히 제어하면 무사히 넘기지만 이게 쉽지 않다.

지금까지 잘 통제되던 감정이 무너지면 눈물이 나고 눌려있던 서러움과 억울함이 올라온다. 감정의 약한 고리가 끊어진 것이다. 악순환이 되면 묻어둔 기억이 연달아 올라와 울다 지치고, 화를 제어하지 못해 닥치는 대로 던지는 등 사고를 치기도 한다. 대부분 시간이 지나면 안정을 되찾는데 습관성이나 만성이 되면 상황은 복잡해진다. 사고나 행동 방식이

고정되면 비슷한 상황에서 자동으로 반응한다. 감정의 회로가 한번 자리를 잡으면 회로는 쉽게 다시 작동한다.

줄을 당기다가 끊어지면 그 자리를 묶어서 다시 쓸 수 있지만, 무거운 물건을 묶거나 중요한 작업을 할 때는 반드시 새 줄을 써야 한다. 아무리 단단히 묶더라도 양쪽에서 강한 힘이 걸리면 묶은 곳이 끊어지거나 풀린다.

몸에 상처가 생기면 흉터가 남는다. 한번 생긴 흉터는 없어지지 않고 주변 조직의 유연성도 떨어뜨려 잘 다친다. 마음의 상처도 흉터가 남고, 흉터가 생긴 마음은 작은 자극에도 아프게 반응한다. 몸도 마음도 상처는 약점이 된다.

피부 상처는 어느 정도 심해도 회복되지만 심장과 뇌는 피 공급이 몇 분만 멈춰도 치명적인 손상을 받는다. 동맥피가 막히는 게 경색인데 대부분 핏덩어리가 혈관에 끼여 발생한다. 혈관벽의 작은 상처가 핏덩어리인 색전을 유발하는 요인이다. 상처가 있으면 혈구와 혈소판이 상처를 덮고 덩어리로 변한다. 이 덩어리가 원래 장소에서 떨어져 나와 혈관을 떠돌다가 심장혈관을 막으면 심근경색, 뇌로 가는 혈관을 막으면 뇌경색이 발병한다. 모두 목숨이 위험한 상황이고 시초는 조그만 상처다.

인간관계도 사소한 문제가 확대되어 파국을 맞는다. 수십 년을 이어온 동창 모임도 한두 명의 불화로 깨지고, 평소 원만했던 사람과 조그마한 일로 거리가 생겨 얼굴을 안 본다. 시작은 미미해도 관계가 벌어지고 깨지는 것은 순간이다.

거대한 둑이 조그만 틈으로 무너지고 탄탄한 조직도 몇 명의 반목으로 파탄난다. 평생을 이어온 우정도 손톱만한 오해로 갈라선다. 셰익스피어 비극에서 맥베스가 아내 데스데모나를 목 졸라 죽이고 파멸에 이른 단초는 질투였다.

몸도 허무하게 무너진다. 금연을 맹세하고 오랫동안 잘 참던 사람이 술자리에서 한번 담배를 입에 물어 그동안의 공력이 물거품 된다. 살을 빼겠다고 마음먹고 몇 달간 음식 조절하고 운동해서 몸무게를 줄였는데 회식이나 과식으로 허망하게 제자리로 돌아간다.

단단히 각오했던 결심도 순식간에 무너진다. 신라 장군 김유신은 어머니에게 유녀와 교제를 끊겠다고 맹세했는데 어느 날 술 마시고 조는 사이 깨어나 보니 예전에 술 취하면 항상 자신을 태우고 유녀 천관녀에게 데려간 말을 보고 놀라서 말목을 베어 맹세를 다잡았다. 하지만 대부분 사람들은 말목을 베지 못한다. 말 값이 아깝지 않을 정도로 부자이거나 의지가 어마어마하게 굳은 사람이라야 가능하다.

*

마음을 아무리 굳게 먹어도 틈새는 여기저기 많다. 늦가을 비에 괜히 울적해지고, 해거름 무렵 한줄기 햇빛이 방안까지 밀려오면 고적함이 스멀스멀 일어난다.

꽃봉오리 떨어지면 마음이 내려앉고 문틈에 낀 낙엽이 안쓰러워 보인다. 틈새로 설움이 켜켜이 쌓이면 그동안 굳은 결심은 눈처럼 녹아내리고 이젠 혼자라고 느낀 자리에 외로움이 밀물처럼 밀려든다.

빈 의자가 눈물 나는 시간

빈센트 반 고흐는 고독한 네덜란드 화가다. 가수 조용필은 노래 〈킬리만자로의 표범〉에서 '사랑이 사람을 고독하게 만들고, 사랑만큼 고독해지고, 나보다 더 불행하게 살다간 고흐란 사나이'를 독백했고, 미국 싱어송라이터 돈 맥클린은 25세 때 고흐 전기를 읽은 뒤 단숨에 노랫말을 쓰고 작곡한 〈빈센트〉에서 '당신이 내게 뭘 말하려 했는지 난 이제 알 것 같다'고 노래했다.

지금이야 위대한 화가로 사랑을 받고 있지만 그는 생전에 지독하게 가난하고 고독했다. 세상의 인정을 받지 못한 채 정신병을 앓아, 스스로 귀를 자르고 자살한 그는 슬프면서도 영감을 주는 화가다. 생전의 가난과 고독, 죽은 뒤 칭송받는 그림을 보면 천재에게 재능은 축복이 아닌 저주라는 생각도 든다.

그의 그림은 몽환적이다. 환각상태에서 그렸나 의심이 들 정도다. 그중 〈아를에 있는 고흐의 침실(나의 방)〉 작품이 있다. 노란색으로 휘감은 방을 그린 그림으로 먼저 침대가 눈에 띈다. 하지만 그림의 주인은 의자다. 왼쪽 아래 침대와 조화를 이루는 의자가 있고 가운데 중심이 되는 의자가 놓여 있다. 주인 없이 단출한 가구만 있는 방은 쓸쓸하다. 빈 침대, 빈 책상, 빈 의자는 방을 채우며 빈 공간을 더 강조한다. 그중 빈자리가 돋보이는 존재는 단연 의자다.

*

주인 없는 의자, 빈 의자는 허전하다. 제자리에 있어도 빈 공간이다. 기다리는 주인은 오지 않는데, 비가 오고 눈이 와도 자리를 지킨다. 빈 의자는 빗물 고이고, 낙엽 떨어지고, 눈 쌓여도 기다린다. 무심히 지나치면 모른다. 그러다 얼핏 눈에 들어오면 의미가 다가온다. 너도 비었구나. 너도 외롭구나. 나도 비었다. 나도 외롭다.

빈 의자를 보면 한때 거기 앉아 의자에 온기를 전하고 휴식 취하며 시간을 함께 한 주인이 궁금하다.

치열하게 인생 설계하고 미래를 준비하고 공부도 했을 것이다. 떠난 주인은 지금 어디에서 살고 있을까. 다른 화려한 의자에 등을 푹신하게 기대고 있을까. 등받이 없는 훨씬 불편한 의자에서 잠깐 땀을 식힐까. 주인 떠난 의자는 더이상 온기가 없다. 색이 바래고 이음새가 헐거워져 삐걱거린다.

내가 채우고 싶지만 내 자리가 아니다. 슬며시 몸을 걸쳐 보아도 불편하다. 주인 있는 자리는 함부로 앉으면 안 된다. 의자는 주인을 기다리고 주인은 의자를 찾을 것이다. 떠난 지 오래라도 언제 올지 모른다.

자신을 숨겨야만 인정받는
희생의 존재가 의자다

의자는 사람이 앉는 도구다. 사람과 한 몸이 되어 가려질 때 임무를 다한 것이다. 보이지 않고 드러나지 않아야 의자는 본분을 다하는 것이며 주인이 일어나야 실체가 드러난다.

제 모습을 그대로 모두 보이면 쉰다는 뜻이다. 자신을 숨겨야만 인정을 받는 희생의 존재가 의자다.

나도 언제든 털썩 앉아도 엉덩이부터 허리, 등, 목, 머리까지 한 번에 감싸는 푹신한 내 자리를 갖고 싶다. 왜냐고 묻지 않고, 늦었다고 타박하지 않고, 오래 있어도 뭐라 하지 않고, 혹여 친구를 데려와도 불평하지 않는 자리가 있으면 좋겠다.

하루 일을 마치면 집에 돌아와야 한다. 일터에 더 있고 싶어도 때가 되면 불이 꺼진다. 분주한 하루가 끝나면 오늘 수고했고 내일 보자며 서둘러 떠난다. 먼저 자리를 뜨는 날도 있고 늦게까지 남는 날도 있다. 조금 전까지 왁자하던 공간이 텅 빈다. 북적대던 곳이 조용하다. 말소리, 부스

럭거리는 소리, 사람도 없다. 누군가 앉았던 의자가 눈에 띈다. 온기도 사라지고 식어가는 의자. 빈자리다. 빈 공간이다.

나는 왜 남았을까? 빈자리를 보며 빈 의자를 정리하러 남았을까? 왜 남들 나갈 때 같이 나가지 않았을까?

오늘따라 빈자리가 커 보인다. 정리를 마치고 불을 끈 뒤 의자를 놔두고 빠져나온다. 의자는 말이 없다. 잘 가라는 말, 또 보자는 말도 없다.

의자는 분명 조금 전 사람들이 다정하게 말을 나누고 인사하고 웃으며 악수했는데 과정을 전부 지켜보고도 침묵을 지킨다. 조용히 내 의자가 잘 놓여있나 확인하고, 불 끄고, 문 닫고 돌아서면 혼자 남은 시간이 달려든다.

*

'좋은'이라는 것은 모호한 말이다. 나는 그에게 나쁜 사람이 되고 싶었다. 보고 싶어 밤을 지새우게 만들고, 먼발치에서 발을 구르게 하고, 내 한마디 내 한 몸짓에 애타게 만드는 아주 나쁜 사람이 되고 싶었다. 그는 나에게 나쁜 사람이었다.

기다리고, 애달프고, 잠 못 자고, 일이 손에 잡히지 않게 만드는 아주 나쁜 사람이 되었다. 그와 나는 적막을 주고받았다. 나쁜 사람에게 좋은 사람은 대체 가능하지만, 좋은 사람에게 나쁜 사람은 하나뿐이다. 그는 그렇게 나쁘게 떠났다.

나를 인정하는 게 먼저다

2018년 러시아 월드컵에서 한국의 이용 선수는 독일과 경기 중 상대 선수가 강하게 찬 공에 다리사이 급소를 맞고 쓰러졌다. 경기가 잠시 중단되고 상대 선수는 진심으로 미안하다고 했다. 다행히 걱정한 일은 생기지 않았지만 사람들은 한동안 이용 선수가 일용 언니가 되었다고 우스갯소리를 했다.

그때 공에 맞는 장면을 보면서 나도 다리사이에서 비슷한 통증을 느꼈다. 뇌에는 '거울뉴런' 세포가 있어 남과 감정을 공유한다. 상대가 아프면 나도 아프고 웃으면 같이 웃는다.

*

사회적 동물인 사람은 타인을 의식하지 않으면 공동체를 유지할 수 없다. 남을 의식하고 따라하는 능력은 생존에 필수다. 그러나 지나치면 문제가 된다. 짐 캐리 주연 미국 영화 〈트루먼 쇼〉에서 관객은 주인공의 생활을 생중계로 본다. 주인공은 남의 시선에서 탈출하는데 성공하지만, 현실에서 중계방송 보듯 자신을 남의 시선에 의존해 모니터링하면 영원히 탈출할 수 없다.

남을 의식한다는 말은 타인의 비판을 피하고 칭찬을 바란다는 뜻이다. 사람은 누구나 칭찬과 인정에 목마르다. 어릴 때는 '착하다' '참 잘했어요'라는 칭찬에 신이 난다. 어른들도 승진과 포상에 목을 맨다. 프랑스 나폴레옹은 이런 심리를 적절히 이용해 훈장을 마구 뿌렸다. 칭찬과 인정은 채찍과 함께 동물을 길들이는 강력한 무기다.

칭찬은 고래도 춤추게 하고, 사람도 칭찬에 신이 나 춤을 춘다. 칭찬과 함께 인정도 강한 유혹이다. 자기를 인정한 주군을 배반할 수 없어 두 임금을 섬기느니 차라리 죽음을 택한 사람들처럼 인정이란 삶을 지탱하는 중요한 의미이자 근거다. 시대에 상관없이 우리는 스스로 믿고 남이 믿어줄 때 최선을 다한다. 지금도 신앙을 지키기 위해 목숨 바치는 순교자의 행렬은 계속 된다.

생존의 가장 기본인 의식주 단계를 지나면 인정이 필요하다. 이어서 명예를 추구하고 사회에서 자신의 존재 이유를 확인하려 든다. 먹고 살만

하면 직함에 집착한다. 회장, 대표, 사장 같은 호칭에 눈을 돌린다.

나를 인정하는 것과
능력을 인정하는 것은 달라

사람은 인연을 정리하고 죽기 전까지 이런저런 관계에서 벗어날 수 없다. 어머니 뱃속에서부터 부모, 조상과 핏줄로 이어지고 태어나면 형제 자매, 사촌, 친인척에 둘러싸인다. 자라면서 관계는 확대되고 복잡해진다. 친구가 생기고 학교를 다니면 제자가 되고 선후배가 이뤄지고 직장에서는 신입사원을 지나 선배사원, 상사로 바뀐다. 사업을 해도 종업원과 관계, 거래처와 관계가 사업의 성패를 가른다. 결혼하면 배우자가 되고 부모가 되어 관계는 더 확대된다. 셀 수 없는 관계와 인연이 거미줄처럼 이어진다.

관계에는 공과 사가 있다. 현실에서 둘을 칼로 무 자르듯 나눌 수 없고 대부분 겹치며 양쪽 특성을 공유한다. 가끔 충돌로 계약이 지연되거나 파기되면 상처를 입고 뒤끝이 좋지 않다. 이익과 계약에 의해 움직이는 공적 관계는 끝나면 정리되지만 일부는 사적 관계로 넘어간다. 뜻과 마음이 맞으면 친구가 되고 연인이나 부부로 발전한다.

세상을 경험하고 몇 번 다치고 나면 '상처받기 싫으면 정 주지 마라' 는 말이 이해된다.

예전에 본 전쟁 영화에서 기억에 남는 장면이 있다. 막 전쟁터에 온 신병에게 고참은 언제 죽을지 모르니 인간적인 관심을 가지면 상처만 남으니까 '정을 주지 마라'고 충고한다.

방금까지 대화하던 전우가 눈앞에서 전사하면 충격은 어마어마하다. 단지 이병, 일병으로 객관화해야 무덤덤하게 죽음을 받아들일 수 있다. 속마음을 털어놓은 친구 '토마스'보다는 이름만 들어본 '아무개'의 사망이 받아들이기 쉽고 상처가 작다. 정 나누기를 감당할 자신이 없다면 시작조차 않는 게 때로는 현명하다.

관계가 틀이라면 칭찬과 인정은 윤활유이자 접착제다. 칭찬과 인정을 받으면 자존감이 강화되어 모든 일을 자신 있게 처리하고 도전을 피하지 않는다. 도전하니까 성공기회도 늘고 도전을 반복하는 선순환이 되어 인생에서 성공할 확률이 높아진다.

하지만 칭찬과 인정은 본질적으로 외부의 시각과 평가다. 내 인생에 중요한 자존감, 자긍심 같은 요소가 남의 평가에 좌우될 위험이 있다. 직장처럼 공적인 관계는 사람의 능력과 업적처럼 눈에 보이는 결과물만 보고 평가하고 감수성, 미적 감각, 공감능력은 평가항목에 없다. 개인의 여러 가지 특질 중 집단의 목적 달성에 필요한 부분만 칭찬과 인정의 대상이다. 달리기를 잘해봐야 사무직에는 필요 없는 능력이고 공감능력이 뛰어나도 기계를 다룰 때 도움이 되지 않는다.

분명히 나를 칭찬하는데 엇박자나는 느낌이다. 나를 인정하는 것과 나의 능력을 인정하는 것은 차이가 있다. 내가 조종하는 드론이나 레이싱카를 칭찬하면 기분이 애매하다. 칭찬을 받은 듯 안 받은 듯 모호하고 칭찬과 인정이 나에게 와 닿지 않는다.

내가 가치 있다고 자부하는 능력이 집단생활에서 쓸모가 적으면 일이 재미없다. 이 일이 내 길인가 의구심이 생겨 허전하고 불만족스럽다.

뉴턴은 근대과학의 틀을 만든 과학자다. 남들이 평생 노력해도 될까 말까한 과학업적을 취미생활 하듯 이뤄냈다.

그는 과학 이외에도 신학 등 깊은 관심을 가지고 노력했지만 이렇다 할 성과를 내지 못했다. 가치를 두는 분야, 잘하는 분야, 인정받는 분야가 항상 일치하지는 않는다.

나를 인정하고 칭찬하면 삶이 더 가치 있고 안정돼

어디서든 두드러진 업적을 남기면 인정과 대접을 받지만 대부분 관심 분야나 생업 분야에서 고만고만한 결과물을 내며 살아간다. 그나마 남에게 인정을 받는 영역은 조직이나 집단이 원하는 분야다. 그 분야에서 뛰어나야 사회에서 인정을 받고 성공할 수 있다. 그러나 인정을 받을수록, 칭찬이 거듭될수록 '나'는 뒤로 밀린다. 칭찬을 받는 사원, 인정을 받는 팀장이 되더라도 그건 직책으로 인정을 받는 것이지 내가 인정을 받은 것이 아니다.

내가 원하는 '나'를 모르면 암담하다. 경험과 시행착오로 원하는 일과 목표를 추구하는데 아쉽게도 삶은 기다리지 않는다. 진정으로 내게 맞는 일, 하고픈 주제를 늦게라도 찾으면 다행이지만 대부분 미련만 남긴 채 생을 마친다. 무엇 때문에 아등바등 살았을까 아쉬움만 남는다. 남에게 인정받으려 앞뒤 보지 않고 달렸다면 언젠가 후회로 무너진다.

내가 나를 인정하고 스스로 칭찬하는 태도가 삶을 더 가치 있고 안정되게 만든다.

남의 인정을 구하기보다 나를 인정하는 게 먼저다.

《마시멜로 이야기》 책으로 유명한 세계적인 자기계발 전문가 호아킴 데 포사다가 쓴《바보 빅터》이야기는 17년 동안 다른 사람이 자신의 IQ를 낮게 잘못 알려줘 바보처럼 산 천재 이야기다. 그는 우연한 기회 자신의 IQ가 엄청나게 높다는 사실을 알게 된다. 그동안 주변 사람들이 바보로 취급하고 스스로 바보처럼 살았는데 자신의 높은 IQ를 알고 난 뒤 천재로 인정받고 천재답게 행동하고 진짜 천재가 된다.

그는 나중에 IQ148이상 고지능자들의 모임인 멘사(Mensa) 회장까지 역임한다. 책은 자기가 천재인 줄 모르는 사람을 격려하는 내용이지만 자신에 대한 평가를 외부에 맡긴 삶은 위험하다.

플러스

가끔 지난 시간을 리셋하고 싶은 때가 있다. 하지만 현실의 레테강은 반대다. 오히려 새로운 사건이 생기면 사건 이전으로 돌아갈 수 없다. 강물은 어제를 지우는 대신 훨씬 강한 오늘을 남긴다.

세상은 너에게 관심이 없다

기대하지 않았던 재물을 얻었을 때 횡재했다고 한다. 중고시장이나 헌책방에서 괜찮은 물건이나 책을 발견하면 그런 생각이 든다.

〈김씨 표류기〉는 내가 본 횡재한 한국영화다. 우연히 TV를 보다가 독특한 배경과 주제, 섬세하고 잔잔한 전개에 푹 빨려 들어갔다.

표류기는 보통 《15소년 표류기》나 《로빈슨 크루소》처럼 난파되어 망망대해를 떠돌다가 간신히 무인도에 상륙한 뒤 고생 끝에 가까스로 탈출하는 내용이다. 〈김씨 표류기〉는 다르다. 대도시가 바로 눈앞인 한강의 밤섬이 배경이다.

사람들은 불가피한 사고로 표류를 당하지만 영화 속 주인공 김씨는 세상에서 밀려나 자의로 표류를 택한다. 공동 주인공인 여자는 스스로 세상과 격리되어 살아간다.

화려한 액션은 없어도 외로운 사람끼리 마음을 여는 과정을 세세하고 유쾌하게 담은 영화다.

영화 시작부에서 김씨는 빚 독촉 전화를 받고 한강다리에서 물로 뛰어들어 자살을 시도하지만 밤섬으로 떠밀려온다.

정신을 차리고 탈출하려 시도하다가 섬에 정착하기로 마음을 바꾼다. 떠내려 온 물놀이용 '오리 배'를 집으로 삼아 버섯 따고 물고기 잡아먹으며 표류 생활에 적응한다.

이때 여자가 등장한다. 얼굴 흉터 때문에 따돌림 받고 방에 틀어박힌 히키코모리(은둔형 외톨이)다. 끼니는 생라면으로 때우고 미니 홈피에 남의 사진을 도용해 올려놓고 대리만족을 느끼는 일이 생활의 전부다.

하나뿐인 취미는 망원경으로 도시와 달을 관찰하기다. 어느 날 밤섬을 보다가 남자를 발견하고 외계인이라 부르며 대화를 시도한다. 병에 편지를 넣어 섬에 던지면 남자는 편지를 보고 모래톱에 답을 쓰며 둘은 서로 알아간다.

영화에서 가장 인상적인 소재는 짜장면이다. 떠내려 온 인스턴트 짜장스프를 발견한 남자 주인공은 새 배설물에서 옥수수 씨앗을 걸러 심고, 키운 옥수수의 가루로 면을 뽑아 짜장면을 만들고 스프를 정성스럽게 뿌려 먹는다.

이 과정을 지켜보던 여자가 짜장면을 밤섬으로 배달시켜주지만 남자는 내가 만든 짜장면이 내 인생이라며 거부한다.

사람들은 힘들고 지칠 때
타인과 연결 혹은 단절을 택해

얼마 후 태풍이 지나가고 남자는 섬을 살피러 온 공무원들에게 끌려나간다. 이 광경을 지켜보던 여자는 골방에서 뛰쳐나와 남자를 쫓아가고 남자가 탄 버스가 멈출 때 올라타 둘은 만난다. 외로운 여자와 외로운 남자는 이렇게 방과 섬에서 나온다.

*

사람들은 힘들고 지칠 때 타인과 연결되려고 몸부림을 치거나 차라리 단절되는 쪽을 택한다. 흉터로 상처받은 여자는 은둔을 택했다. 몇 년 동안 방에서 나가지 않고 외출은 부모님이 출근한 뒤 화장실에 다녀오는 일이 전부다.

쓰레기 천지인 방에서 철저하게 숨어 지내지만 어떻게든 세상과 연결을 바란다. 관심에 목말라 사이버상에서 다른 사람의 사진을 도용해 올린 뒤 추천 수에 존재감을 느낀다.

남자는 세상을 등진다. 도시 한복판의 무인도에 자리를 잡고 세상으로부터 도망친다. 하지만 그도 떠내려 온 도시의 잔해인 쓰레기를 뒤져 생활한다. 사람만 만나지 않을 뿐 세상과 연결은 그대로다. 둘 다 세상에서 상처를 입었다.

정확히 말하면 세상 사람들에게 상처를 받았다. 하지만 세상은 그들에게 관심이 없다. 신경조차 쓰지 않고 사라져도 모른다.

우리는 걷거나 운전할 때 땅바닥을 무시한다. 땅에 사는 생명들은 아무 영문도 모르고 짓밟힌다. 개구리는 차바퀴에 깔려 소리도 못 내고 여름 아스팔트 도로에 말라붙고, 여유롭게 하늘을 날던 날벌레는 차창에 부딪쳐 생을 마감한다.

우리가 인식하지 못하는 순간에도 피부와 뱃속 장에는 수십조 개의 세균이 태어나서 자라고 죽는다. 그들도 사람의 존재를 모른다. 입에 사는 세균은 창자를 모르고, 창자에 사는 세균은 피부를 모른다. 피부에 항균연고를 바르면 세균은 이유도 모른 채 죽고, 항생제를 복용하면 장내세균은 치명타를 받는다. 그들에게는 마른하늘의 날벼락이다.

사람이 다른 생명체를 의식하지 않듯, 우주는 우리를 위해 존재하지 않고 태양도, 지구도 그들의 질서대로 공전과 자전을 한다. 대륙이동설에 의하면 5대양 6대주도 느리지만 이동한다. 자연은 자기 스케줄대로 지진도 일어나고, 태풍도 발생하고, 천둥 번개도 친다. 그 위에 사는 생명체는 고려 대상이 아니다. 세상은 무심히 돌아가는 톱니바퀴다. 제 갈 길을 가는데 사람들이 부딪치고 튕긴다.

고등학교 때 일이다. 매일 지나던 등굣길에 있는 교회 십자가가 벼락을 맞았다. 그슬려 꺾인 십자가를 보면서 말도 많았고 교인들은 적잖게 당황했다. 그렇지만 자연과 신은 별개다. 숭배자가 많이 사는 동네나 종교의 성지라고 해도 자연의 특별대우는 없다.

1745년 이탈리아 베네치아의 '산 마르코 대성당' 광장 종탑이 벼락을 맞아 대파되었다.

벤저민 프랭클린이 1758년에 피뢰침을 발명했지만 성직자들은 천둥 번개는 하느님의 무기라 생각해 신에게 대항하기를 주저하고 종탑에 피뢰침 세우는 것을 꺼려했다. 하지만 1761,1762년 잇달아 벼락을 맞자 1766년에 피뢰침을 세워 종탑은 더이상 벼락을 맞지 않았다.

질병도 제 길을 간다. 중세 유럽에 페스트가 퍼질 때 사람들은 교회에 모여, 살려달라고 간절히 신을 찾고 기도했다. 안타깝게도 전염병 예방의 기본은 격리다. 최대한 전염원과 떨어져야 하는데 좁은 공간에 모여 있으면 감염될 최적의 환경이 된다. 결과는 몰살이다. 아무리 신앙심이 신실하고 신의 이름을 절실하게 부르짖어도 신은 사람의 일에 관여하지 않는다. 신의 섭리에 대해 갖은 증언이 난무해도 항상 뒷북 해석이다.

세상은 생명체에 관심 없다
힘들 때 '이 또한 지나간다' 생각을

인류의 생각과 행동의 총합이 역사다. 여기에 개인이 끼어들 공간은 좁고 하부계층은 수동적으로 쓸려갈 수밖에 없다. 세상은 강대국의 무대고 더 정확히 말하면 강대국의 주인인 지배자들의 놀이터다. 유럽제국들이 세계를 지배할 때 자기들끼리 땅을 나눠 가졌고, 한반도도 모르는 사이에 제국의 영토로 편입되었다.

지금까지 강대국의 땅따먹기가 해결되지 않은 대륙이 아프리카다. 강대국 마음대로 지도에 선을 긋고 여러 나라로 독립시켜, 같은 부족이 다른 나라 국민이 되고, 전혀 연고가 없는 민족이 한 나라 국민이 되었다. 현실은 끝없는 내전과 충돌이다. 개인은 항상 무력하다.

세상은 생명체 하나하나에 관심이 없고 단지 경기장만 제공한다. 누구를 지정해서 고통이나 괴로움을 주지 않고 특정 대상에게 기쁨과 혜택을 주지도 않는다. 어떤 일을 펼쳐도, 무슨 난리법석을 피워도 모르쇠고 선악도 관심 밖이다. 사람들이 선악과 죄의 기준을 정하고 그마저 시대와 지역에 따라 정의가 바뀐다. 세상이 주는 혜택과 상처는 결국 사람이 주고받는 것이다. 세상을 멀리한다면 사람을 멀리한다는 말이다.

세상은 일부러 찾아오지 않고 멀리하지도 않는다. 오는 사람 막지 않고 가는 사람 붙잡지 않는다. 세상은 그냥 그대로 있다. 세상은 감정이 없다. 마음이 세상에 대해 느끼는 감정을 만든 거다. 세상은 문제의 원인이 아니다.

*

인생을 기차여행에 비유하면, 지금 겪는 어려움은 내가 있는 곳에 있지만 지나가는 차창 밖의 풍경인 경우도 많다. 차창 밖에 천둥 비바람이 몰아쳐도 차 안은 물 한 방울 떨어지지 않는다. 그럴 때는 그대로 지나가야지 괜히 무섭다고 떨며 문을 열고 밖으로 나가면 생고생이 기다린다. 그냥 '지금 힘들 때구나' 생각하면 편하다. 이 또한 지나간다.

해도 하나 달도 하나

《해와 달이 된 오누이》는 마음이 불편한 전래동화다. 호랑이는 '떡 하나 주면 안 잡아먹지' 하고 엄마를 협박하다가 떡이 떨어지자 엄마를 잡아먹는다. 그리고 집에서 기다리는 오누이마저 잡아먹으려고 계획을 세운다. 엄마 흉내를 내며 문 열라고 하지만 오누이는 문을 열어주지 않는다. 교활한 호랑이가 밀가루 묻힌 손을 보여주자 오누이는 속아서 문을 열어주고 쫓겨 도망간다.

잡히기 직전 오누이는 동아줄을 내려달라고 기도한다. 하늘에서 내려온 동아줄을 타고 오누이는 하늘로 도망치고 호랑이는 썩은 동아줄을 잡고 쫓아가다가 줄이 끊어진다. 수수밭으로 떨어진 호랑이 피로 물든 수수는 붉게 변한다. 하늘로 올라간 용감한 오빠는 달이 되고 수줍음 많은 누이는 해가 된다.

*

눈을 돌려 우주를 보면 혼자 있어 외롭기보다 오히려 혼자야만 빛나는 존재가 있다. 해는 혼자다. 오직 혼자 빛나고 혼자 움직인다. 해는 맨눈으로 볼 수 없고 모든 별을 지운다. 주위의 모든 존재를 압도한다. 혼자로서 완결이다. 해가 져야 달과 별이 뜬다. 아무도 해를 보고 외롭거나 쓸쓸하다고 느끼지 않는다.

태양계는 태양의 빛과 인력에 의지해 존재한다. 지구상 모든 생명의 근원은 태양이다. 햇빛을 받아 생명체는 에너지를 얻는다. 해가 하나라서 행성들은 안정 상태를 유지한다. 태양이 둘인 행성도 있다.

해가 2개 뜨는 하늘은 상상만 해도 끔찍하다. 작열하는 햇빛에 지표면은 타버리고 양쪽의 중력장 때문에 행성은 항상 불안정하고 생명체는 존재할 수 없다. 조직생활을 한 사람들은 '상전은 둘보다 하나가 낫고 적을수록 좋다'고 말한다.

강한 존재는 혼자 있어도 강하지만 주변과 조화되면 더 좋다. 보름달은 책을 읽을 정도로 밝고 커도 강한 느낌이 들지 않는다. 오히려 달은 혼자면 외롭고 처연하다. 달이 주위의 별, 구름, 나뭇가지 등과 함께하면 더 어울린다. 오래 쳐다봐도 눈이 부시지 않고 별과 함께 빛난다.

전지전능한 신의 자리도 하늘에 있다. 다신교도 가장 높은 신이 있고 숫자를 모두 세기 힘든 그리스로마의 신들 중에서 제우스가 대장이다. 고등종교는 대부분 유일신이다. 최고신은 하나며 하늘에서 영광은 혼자 받는다.

고고함, 우아함, 매력을 가지려면
적당히 감추고 타인과 거리 둬야

인간사회도 위대하고 강한 존재는 수가 적다. 힘이 셀수록, 직급이 높을수록 자리는 줄어든다. 인구가 수억 명인 나라도 권력의 정점인 대통령이나 왕은 한 명이다. '짐이 곧 국가'라는 말처럼 전제 왕조의 왕들은 하늘의 해도 하나고 땅에는 오직 자신만이 태양같이 위대하다고 했다. 직원이 수십만 명인 대기업이나 수십 명인 중소기업도 주인은 1명이다. 집단이 작아도 우두머리는 하나다. 위로 갈수록 강하고 권한과 힘이 집중된다. 1인자는 권력을 나누지 않는다.

수백 수천 마리의 동물 떼도 우두머리는 한 마리다. 약하면 뭉쳐 다니고 힘이 세면 혼자 다닌다. 강하면 한 배에서 낳는 새끼도 적다. 개나 고양이는 너덧 마리 정도고 사자나 호랑이는 두세 마리다. 사람은 아이 하나가 기본이다. 쌍둥이도 드물고 세쌍둥이, 네쌍둥이면 뉴스에 나온다.

약한 동물은 새끼를 많이 낳고 그중 일부가 성체 되는 방식으로 번식 승부를 건다. 물고기는 한 번에 수십만 개 알을 낳지만 극소수만 성체로 자란다.

프랑스 작가 알렉상드르 뒤마는 저서 《요리 대백과》에서 '만약 바다

어류 대구의 알이 돌발적인 사고 없이 그대로 부화해서 자라면, 단 3년 안에 바다가 대구로 꽉 차 발을 바닷물에 적시지 않은 채 대구 등을 밟고 대서양을 건널 수 있다'고 말했다.

강한 자, 승자에게 공동은 손해다. 승자는 승리를 홀로 차지하고 전리품을 독식한다. 일등상, 최우수상, 수석처럼 1등은 한자리다. 유치원 장기자랑도, 학생 때 질리게 봤던 시험도 1등이 있다. 스포츠도 마찬가지다. 올림픽경기 피날레를 장식하며 개인이 최고 스포트라이트를 받는 마라톤은 오직 한 명만 1등을 차지하고 영광의 순간을 독차지한다. '고독한 승부사' '홀로 악당과 맞서다'처럼 강한 영웅은 다 혼자다. 특히 최강자는 절대 혼자다.

떼로 모여 있으면 개성은 묻힌다. 산꼭대기에 외롭게 선 나무나 들판에 홀로 핀 꽃을 보면 흔한 나무나 꽃인데도 다르게 보인다. 무리로 있으면 눈길도 주지 않을 텐데 혼자 있다는 이유로 칭송을 받는다. 고고하고 우아하고 남다른 매력이 있다고 감탄한다.

소설 《어린왕자》중 별에 있는 장미는 단지 한 송이지만 지구의 장미 정원처럼 몰려있지 않고 홀로 피어 의미가 있다. 함께해서 좋을 수 있지만 혼자여서 좋을 때 있다. 고고함, 우아함, 매력을 가지려면 적당히 감추고 타인과 거리를 둬야한다.

*

고대 그리스 트로이 전쟁은 여신끼리 최고의 아름다움을 가리려는 다툼에서 벌어졌다. 헤라, 아테네, 아프로디테 세 여신이 사과를 사이좋게 나눠 가졌다면 애초 전쟁은 발발하지 않았다.

한 명만 있어야 가장 아름답고 여럿이 있으면 아름다움은 줄어든다. 둘이 있으면 둘 다가 아니라 둘 중 하나고, 셋이 있으면 여럿 중 하나다. 승리하고 칭송받으려면 일부러 혼자가 되어야 한다. 가장 아름다운 여신은 오직 하나뿐이다.

플러스

생명의 본질은 환경과 투쟁이다. 외부세계에 대항해서 삶을 이어가는 노력이 생명이다. 개개의 생명은 보잘 것 없다. 자연과 비교하면 존재가 의미 없다. 그러나 바위틈에서 풀은 자라고 사막에서 꽃이 피고 극지에서 이끼가 산다. 생명은 누구에게 인정받으려 꽃을 피우고 뿌리를 내리지 않는다. 그저 살아가는 것이다. 그 투쟁이 아름답다.

타고 난대로 살아도 괜찮다

미국 작가 겸 사상가 헨리 데이비드 소로우는 매사추세츠 주 콩코드 근교 월든 숲속에서 1845년 7월부터 2년간 혼자 살았다. 스스로 밭을 일구고 사람들과 접촉을 최소화하고, 숲과 호수와 교유하며, 세상과 떨어져 산 시간이 행복하다고 했다. 자기만의 시간과 공간이 있으면 혼자 있는 것도 아주 외롭지 않다.

일상생활을 유지하면서 가끔씩 세상과 떨어질 수 있다. 인적 없는 산길을 걷거나 방문객이 없는 공간에 틀어박히면 가능하다. 다락방이나 개인 서재, 쉬는 날 사무실 등에서 일시적인 격리는 유용하다. 아예 모든 걸 버리고 싶다면 연락을 끊고 산으로 들어가거나 종교에 귀의하면 된다. 쉽지 않은 선택이지만 현실적으로 삶을 유지하면서 인연을 끊는 마지막 방법이다.

*

자연 속에 혼자 버려지면 살아남기 어려웠던 인류의 역사에서 추방은 죽음에 버금가는 형벌이었다. 집단, 사회, 나라, 종교에서 추방은 가혹한 처분이다. 교도소에서도 엄벌을 내릴 때 독방에 가둔다. 격리시키는 것, 혼자 두는 것은 벌 중의 벌이다.

지금은 집단에서 추방당해도 목숨이 위험하지 않지만, 그래도 쫓겨나거나 관계에서 멀어지면 받을 정신적인 충격이 크고 직간접적인 피해도 각오해야 한다.

개인주의가 발달한 현대사회에서도 집단은 든든한 울타리다. 소속이 있어야 마음이 편하므로 몇 개씩 모임에 가입한다. 소외될까 불안해 이름이라도 올리고 참석은 않은 채 발만 걸친다. 그물처럼 얽힌 관계망이 힘이고 성공의 발판이다.

인맥 키우는 방법을 알려주는 책이나 강좌도 많다. 사회적인 성공이 아니더라도 튼튼한 인간관계는 삶의 탄탄한 배경이다.

그렇지만 다수보다 소수와 어울리기 편한 사람이 있고 혼자를 선호하는 사람도 적지 않다. 타고난 성향이나 성장기 환경에 따른 결과다. 같은 종의 동물도 유전자 변이나 환경에 따라 단독생활하거나 군집생활을 택한다고 한다.

성격을 분류할 때 여러 방법이 있지만 내향형과 외향형이 대종을 이룬다. 간단하게 남과 어울리기 좋아하면 외향형, 혼자 있기 좋아하면 내향형으로 보는데 순도 100%의 성격은 없고 어느 정도 섞여있다.

인생을 행복하게 살고 싶다면
타인과 비교하는 습관 버려야

나는 전형적인 내향형이다. 어릴 때부터 혼자 놀기 좋아해 집에서 방안퉁수라고 불렀다. 내가 자라던 때는 지금처럼 학원이나 게임기, 인터넷, 스마트폰은 없고 학교가 끝나자마자 가방은 내던지고 밖에 나가 해질 때까지 뛰어놀다 캄캄하면 헤어지던 시절이었다.

TV드라마 〈응답하라 1988〉에서 덕선이와 친구들이 학교 끝나면 모여 놀다가 어둑해져 엄마들이 '저녁 먹어라' 불러서 집에 가는 장면이 나온다. 바로 내가 자랄 때 모습이었다.

지금처럼 '공부, 공부'하는 시절이 아니었고 아이들은 그냥 방목하듯 우르르 몰려다니며 놀았다.

그런 시절에도 나는 혼자가 편했다. 지금처럼 다양한 장난감이 없던 시절이라 책으로 빌딩을 쌓고, 주판을 탱크로 삼아 바둑알로 병사를 대신하며 전쟁놀이를 했다. 항상 적군인 동생은 나쁜 편만 시킨다고 투덜거렸다. 혼자 놀 때는 커다란 백지에 상상의 나라를 그리며 놀았다.

그래도 교우관계는 원만했다. 외롭거나 소외된 적은 없고 친구들과 이집 저집 다니며 어울렸다. 그때 한 친구 집 다락방에서 당시 보기 힘든

100권짜리 세계명작 전집을 발견했다. 함께 놀기보다 책을 보는 쪽이 좋아 시간만 되면 친구 집 다락방에서 책을 보았다. 《보물섬》에서 《키다리 아저씨》까지 들어본 책은 다 있었다. 다락방 창으로 길게 비추는 햇빛 아래에서 책을 보는 시간이 참 좋았다.

성인이 되어 내향적인 성격을 바꿔보려 노력했지만 사람과 어울릴수록 본래의 내가 아닌 것 같은 느낌이 들어 피곤했다. 시간도 잘 가고 재미있는데 그냥 부질없는 일 아닐까하는 의문이 떠나지 않았다. 타고난 성향을 거스르면 삶이 피곤하다. 일부러 성격을 바꾸려는 노력은 오래 전에 관뒀다.

이탈리아 경제학자 빌프레도 파레토의 이름을 딴 '파레토 법칙'은 '80대 20법칙'으로 잘 알려져 있다. 20%에 해당하는 사람들이 80%의 일을 하고, 상위 20% 제품이 총 수익의 80%를 차지하며, 원인의 20%가 결과의 80%를 초래하는 현상을 말한다.

개미를 관찰하면 모두 일하지 않고 일부만 일을 하는데, 일하는 집단을 들어내면 놀고 있던 개미 중 일부가 일을 시작한다고 한다. 노는 개미는 정비 중이라는 뜻이다. 집단도 눈에 띄는 활동형은 20%고 나머지 80%는 조용히 자리를 지키는 사람이 아닐까.

사회는 드러나지 않고 제자리를 지키는 사람도 필요하다. 내가 다니는 교회 목사님은 자리 지키는 은사를 강조한다. 열심히 참여하는 신자도 중요하지만 묵묵히 자리를 채우는 신자도 귀중하다고 설교한다.

모든 신자가 뜨거우면 조용히 신앙생활을 하고 싶은 사람은 설 자리가 없을 것이다.

외향적인 사람은 눈에 띄고 주인공 되고 수가 적어도 주목을 받지만,

내향적인 사람은 잘 드러나지 않고 다수라도 존재감이 적다. 하지만 분명히 내향적인 사람도 제자리가 있다. 지나고 보면 학생 때 있는 듯 없는 듯했던 조용한 친구들도 성격은 거의 변하지 않고 나중에 사회에서 자리를 잡고 잘 지낸다.

세상은 드러내기 싫어하는 사람도 대접받는 분야가 많이 있다. 방송 출연을 거부하는 숨은 고수도 있고, 조직 안에서 소리 없이 제 몫을 하며 인정받는 사람도 많다.

혼자 일하는 사람도 충분히 보상을 받는다. 인터넷이 발달하면서 1인 기업가의 활동무대도 넓어졌다. 세상은 유행에 맞춰 몰리기도 하지만 갈수록 다양성을 존중한다. 남과 다르다고 위축될 필요 없고 남을 크게 의식하지 않아도 된다. 타고난 대로 살아도 괜찮은 시대다.

*

인생을 행복하게 살고 싶다면 타인과 비교하는 습관을 버려야 된다. 세상은 나보다 잘나고 행복한 사람이 항상 있다. 지구상에서 돈, 권력, 재능 등 각 분야에서 최고는 1명뿐이다. 비교하면 절대 행복할 수 없다. 비교는 자신과 해야 한다.

어제보다 오늘 성숙하고 내일 발전하는 내 모습에 만족해야 행복에 다가갈 수 있다.

， 나도 나를 모른다

살면서 쓸쓸하고 허전한 순간은 피할 수 없다. 떠들썩한 분위기에서 마주칠 때도 있지만 주로 한적한 장소에서 느낀다. 대부분 쓸쓸한 장소는 인적 없는 곳이다.

나는 군복무를 비무장지대 바로 아래 위치한 전방부대에서 했다. 민가는 없고 띄엄띄엄 군부대만 있는 황량한 곳이었다. 차로 비포장 길을 한참 달려도 오가는 차 없고 사람 하나 보이지 않았다. 차에서 내려 사방을 둘러봐도 새 한 마리 날지 않는 적막한 주위를 보면 딴 세상이란 느낌이 들곤 했다. 비라도 내리면 나 혼자라는 생각에 마음이 스산했다. 그래도 가족, 친구, 동료, 선후배가 있어 혼자될 걱정은 없었지만 그 순간 스미는 외로운 느낌은 강렬했다.

*

누구나 들어 본 그리스 철학자 소크라테스의 말 '너 자신을 알라'는 시대를 뛰어넘는 화두다.

'내가 나를 모르는데 난들 너를 알겠느냐' 노랫말처럼 나를 표현하고 탐구한 노래나 자신에 대해 사색한 시도 많다. 자신을 알고 싶은 사람이 많다는 뜻이다. 자신을 알고 싶은 욕구를 담은 노래와 시는 앞으로도 계속 인류와 함께 존재할 것이다.

노래와 시는 은유가 생명이다. 내용을 직접적으로 혹은 에둘러 표현해 최대한 많은 감정과 생각을 담는 장점이 있다. 표현이 다양해 오해를 부르기도 한다. 그만큼 사람은 불완전한 존재이고 또 생각과 감정은 주관적이라 명확하게 정의하기 힘들다.

지피지기(知彼知己)면 백전불태(百戰不殆)라는 손자병법의 말처럼 자신을 알면 생존에 도움이 되고 경쟁에서 유리하다. 하지만 자신을 알기는 무척 힘들다.

수십 년을 내 몸으로 살아왔지만 나를 수치로 나타낼 수 있는 것 말고 자신 있게 말하기 어렵다.

키, 몸무게, 나이처럼 수치화할 수 있는 외형은 술술 나온다. 주민번호나 학번, 군번, 사번 같은 인식번호, 휴대전화 번호는 개인을 대신하는 고유번호지만 개성을 알 수 없는 단순한 숫자에 불과하다.

　한 사람의 특성을 이해하려면 그의 삶을 종합적으로 알아야 가능하다. 이력과 업적은 개인을 드러내는 구별점이 된다. 직업, 학력, 성적, 논문, 저술은 객관적인 인생의 결과물이고 고향, 가족, 재산, 사는 곳 등은 명확한 사실이다. 성격이 같은 무형의 특성도 판단에 도움이 되고 운동처럼 동적인 취미와 독서나 영화감상 등의 정적인 취미를 알면 성향을 유추할 수 있다.

나만 있고 타인이 없는 삶
긴장 풀어지고 관계 사라져

　객관적인 사실이 아닌 주관적인 관점에서 표현하려면 참 난감하다. 마치 하늘을 보면서 바람을 설명하라고 하는 꼴이다. 보이는 하늘이나 구름은 묘사할 수 있고 사진을 찍을 수 있지만 보이지 않는 바람은 머리카락이 날리고, 나뭇잎이 흔들리고, 소리가 들린다는 식으로 간접적인 표현밖에 할 수 없다. 자신의 외형적인 면이 아닌 내면을 남에게 설명하기는 아주 어렵다.

　내가 나를 잘 알면 좋겠지만 사실 나도 나를 잘 모른다. 객관적인 사실은 남도 다 안다. 오히려 더 잘 알 수도 있다. 나만 아는 숨기고 싶은 실수나 간직하고 싶은 추억도 본질은 타인과 관계다. 그래서 모두가 알지 못해도 아는 누군가는 꼭 있다.

　사람은 타인과 어울리면서 존재 의미를 찾고 남과 관계에 의존해 자신의 존재를 인식한다. 유대인 잠언집《탈무드》에 나오는 〈굴뚝청소부〉

를 보면 굴뚝청소를 마친 두 사람 중 더러운 사람을 본 깨끗한 사람이 세수를 했다는 이야기처럼 남의 모습을 보고 자신의 모습을 판단한다는 우화다.

줄을 당길 때 작용과 반작용이 있어야 줄이 팽팽하게 유지되듯 나와 남이 균형을 이루어야 삶이 안정된다. 줄 한쪽이 끊어지면 탄력은 사라지고 힘없이 바닥에 떨어져 버린다.

혼자된다는 것, 외롭고 고독하다는 말은 줄의 탄력을 유지해 줄 상대가 없어졌다는 말이다. 나만 있고 타인이 없는 삶은 긴장이 풀어지고 느슨하며 관계가 사라진다.

존재는 형식의 지배를 받는다. 신발 한 켤레는 두 개이다. 왼쪽 오른쪽 신발 한 개씩 모여 한 켤레가 된다. 만약 다리가 세 개인 종족이 있다면 한 켤레는 신발 세 개일 것이다.

머리 하나, 팔 두 개, 다리 두 개인 사람은 모든 문화, 생각, 행위가 두 손, 두 발을 기준으로 한다.

생각이나 감정도 몸과 뇌의 한계를 벗어나지 못한다. 마음과 함께 나를 구성하는 다른 축이 몸이다. 외모를 보고 '나'라는 인식을 하고, 표정을 보고서 감정을 유추한다. 몸과 뇌는 신경으로 소통한다. 감각신경이 뇌로 신호를 보내고 뇌는 운동신경으로 답을 한다.

몸은 평안한 상태보다 불안정할 때 잘 인식되고 뇌가 관심을 가진다. 아프지 않다면 평소에 팔다리 장 등을 의식하지 못한다. 그러나 아프고 몸에 변화가 있으면 신호가 간다. 통증, 가려움, 압박감, 간지러움, 시리다, 차다, 뜨겁다 등 몸의 상태를 증상이라고 한다.

마음의 상태는 감정이다.

마음은 눈에 보이지 않고 몸보다 훨씬 복잡하고 미묘해서 분간이 잘 안 된다. 감정은 슬프다, 서럽다, 기쁘다, 괴롭다, 우울하다, 외롭다, 화난다, 개운하다, 불안하다 등등 매우 다양하다.

감정은 종류도 많고 사람마다 느끼고 표현하는 차이가 너무 커서 보충설명이 필요할 때도 있다. 똑 부러지게 경계가 구분되지 않는다. 또 대부분 여러 감정이 동시에 발생한다. 주로 비슷한 종류의 감정이 일어나지만 가끔 전혀 반대되는 감정이 느껴질 때도 있는데 양가(兩價)감정이라고 한다. 그래서 내 마음은 나도 모른다.

삶은 선이지만
기억은 점이다

감정을 객관적으로 알고 수치화하기는 어렵다. 자신도 눈치를 채기가 힘들다. 변화가 있은 지 한참 지나거나 변화가 크더라도 잘 모르는 경우가 많다. 나타내지 않으면 모른다. 겉으로 보기에 표시가 없다. 다른 사람이 더 먼저 알아채기도 한다. '너 가라앉았다' '너 피곤하니'하면서 관심을 보인다.

진화하면서 뇌가 커진 사람은 많은 것을 포기했다. 지나치게 큰 머리와 머리를 받치는 척추, 식도와 기도의 어긋난 위치, 과도하게 큰 전두엽, 정신 기능에 따른 감정의 불안정 등은 사람으로 태어난 이상 받아들여야 할 숙명이다.

사람은 유전자 정보, 해부학적 형태, 사회문화적 학습의 한계 안에서 존재하고 생각하며 살아간다. '내가 왜 그럴까?' '나만 이럴까?' 생각이 들면 '지금 내가 왜 그럴까?'로 바꿔야 옳다. 나만 왜 그럴까가 아니라 남도 그런다.

*

삶은 선이지만 기억은 점이다. '어제의 나' '오늘의 나' '내일의 나'는 분명 한 사람이다. 비록 세포가 매일 계속 바뀌고 몇 달 지나면 나의 구성성분이 전부 교체돼도 내가 인식하는 나는 '나'다. 하지만 기억하는 일을 모두 말하라고 하면 당황한다. 기억나는 게 별로 없다. 즉 살기는 해도 순간을 인식하는 경우는 거의 없고 또 기억하는 경우도 적다.

내가 나를 '나'라고 인식하는 행위의 본질은 기억한다는 점이다. 한때의 사건과 얽힌 감정을 기억하는 것이다. 기억이 없다면 내가 아니다. 기억이 사라지면 내 인생도 내 것이 아니다. 기억은 주욱 연결되지 않는다. 순간순간 사건이 단편적으로 기억되면서 나중에 편집된다. 과거, 오늘, 미래의 '나'는 연결되어 살아간다. 그렇지만 사건들은 중간중간 지워진다.

내가 기억하는 '나'는 연속이 아니라 단편이다. 빈틈은 상상으로 메운다. 그래서 사람은 타고난 이야기꾼이다.

제3장

뼛속까지
시린
날

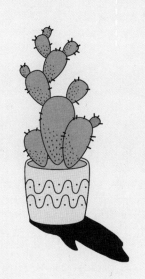

마음의 무게 인생의 무게

인생은 셀 수 없는 사건의 연속이다. 대부분 기억에서 사라지지만 그중에 오랜 시간 지나도 방금 전 일처럼 강하게 기억되는 사건은 몇 개 있다.

십여 년 지났지만 장례식장에서 경험한 일 하나는 평생 잊기 힘들 것 같다. 친척 빈소에서 조문하고 나왔는데 구석에 아무도 없는 조문실이 눈에 띄었다. 궁금해서 안을 들여다보니 영정만 덩그러니 있고 소복 입은 여인 혼자만 무너지듯 앉아 있었다. 망자와 상주 2명의 이름만 적힌 명패를 보고 추측해보니 홀어머니가 친척도 없이 홀몸으로 아들 하나를 키웠는데 사망한 듯 했다.

그때 느꼈을 가슴 찢어지는 비통함과 홀로 남은 절망감은 지금도 잊지 못한다. 빈소 가득히 내려앉은 비탄과 고독의 분위기 속으로 한 발자국만 더 내딛으면 질식할 것 같아 정말 견디기 힘들었다. 나도 모르게 뒷걸음쳐 나와 장례식장 한 쪽으로 가서 진심을 다해 망자의 명복과 산자의 위로를 빌었다.

*

톰 행크스 주연 미국 영화 〈캐스트 어웨이〉는 외로움이 어떤 건지 잘 보여주는 영화다. 화물비행기가 바다로 추락해 홀로 표류하다 작은 섬에 오른 주인공은 너무 외롭다. 탈출할 가능성이 거의 없는 섬에서 오직 살기 위해 분투한다.

주인공은 친구가 필요했는데 자기 피가 묻어 사람 얼굴을 한 농구공을 윌슨이라 부르며 말벗으로 삼는다. 섬을 탈출할 때 뗏목에서 잠든 사이 윌슨은 떠내려간다. 잠에서 깨어 헤엄쳐 쫓아가지만 힘이 부친다. 파도에 쓸려 윌슨과 헤어질 때 처절하게 '윌슨, 윌슨'하고 외친다. '미안해, 미안해, 더 못가겠어 윌슨'하고 절규한다.

주인공은 섬에서 탈출한 뒤 스스로 목을 매고 싶을 정도로 절실했던 마음을 담담하게 말한다. '탈출할 가능성은 희박해 보였고, 거기서 죽을 운명이었지. 내가 통제할 수 있는 한 가지는 '언제, 어떻게, 어디에서 죽느냐'였어. 로프를 만들어 죽으려고 실험을 했는데 통나무 무게 때문에 나뭇

가지가 부러진 거야. 그 바람에 살았지. 그때 느꼈던 거야. 어떻게든 살아야겠다고. 희망을 가질 이유가 없더라도. 어떻게든 난 살아있어야 했어. 그래서 버틴 거야. 살아남기 위해.'

삶의 무게에 눌리면
마음이 처지고 몸도 무겁다

물체가 서로 끌어당기는 힘이 만유인력이다. 물체와 지구가 서로 당기는 힘이 중력이고, 중력이 물체를 끌어당기는 힘이 무게다. 공간이 바뀌면 무게는 달라진다.

비슷한 개념인 질량은 물체에 포함되어 있는 고유의 양을 말하는데 공간이 달라도 항상 일정하다.

무게는 사람을 지구상에 붙어살게 해주는 고마운 역할을 한다. 그래서 둥둥 뜨지 않고 지구에서 제자리를 잡고 산다. 중력이 없는 우주선 안의 우주인은 헤엄치듯 유영하고 물건도 묶어놓지 않으면 떠다닌다. 물도, 음식도 눈앞에서 날아다니는 희한한 광경이 연출된다.

눈에 보이지 않는 공기도 무게가 있다. 의식하지 못하고 살지만 공기 무게도 상당하다. 지구에 사는 생명체가 대기권을 벗어나 공기가 없는 우주공간에 가면 풍선처럼 팽창된다.

깃털처럼 가볍고 태산처럼 무겁다는 표현은, 무게가 있음을 전제로 한 말이다. 무게는 실체가 있는 사물만 잴 수 있다. 수치로 나타낼 수 있고 객관적으로 측정이 가능하다. 하지만 사람들은 눈에 보이지 않는 마음도 무게로 느낀다. '인생의 무게'라고 자주 말한다. 살면서 느끼는 스트레스,

어려움, 고난과 시련을 무겁다고 표현한다. 느끼기만 하는 게 아니라 몸도 실제처럼 반응한다. 삶의 무게에 눌리면 마음이 처지고 몸도 무겁다. 마음의 무게는 주관적이라 수치로 측정할 수 없지만 순식간에 온몸을 누른다.

무게가 있는 물체와 부딪히면 충격을 받는다. 충돌했을 때 가벼운 쪽의 손상이 더 크고 같은 무게라면 고정된 쪽보다 움직인 쪽이 더 큰 충격을 받는다.

갑자기 부딪치거나 충돌이 강하면 아프다. 몸은 물체에 충격을 받고 마음은 사건에 충격을 받는다. 마음이 탄탄하고 유연하면 덜 아픈데 여리고 경직되어 있으면 부서질 듯 아프다.

마음의 충격은 받는 사람마다 강도가 다르다. 동시에 겪은 사건이 누구는 추억이 되고 누구는 악몽이나 트라우마가 된다. 정면충돌해도 완전히 부서지는 차와 멀쩡한 차가 있듯, 같은 어려움도 별문제 없이 넘기는 사람이 있고 앓아눕는 사람도 나온다.

감정도 강하게 부딪치는 게 있고 서서히 스미는 게 있다. 외로움, 우울, 슬픔 같은 감정은 천천히 스며들어 처음에 잘 알지 못한다. 자신도 자기 변화를 모르고 남이 보기에도 약간 변했구나 하는 느낌 정도다. 그러나 가볍다고 무시하다가는 큰코다친다.

감정은 신체의 특정 부위에 타격을 주기보다 전신을 밧줄처럼 감아 옥죈다. 굵고 튼튼해서 온몸을 꼼짝 못하게 만든다. 오래가면 손끝도 까닥하기 힘들다. 처음에는 몸과 마음의 변화가 미미하다. 줄은 천천히 굵어진다. 가는 줄 하나였다가 두 가닥, 세 가닥으로 늘고 머리카락처럼 가늘었는데 손가락만큼 두툼해진다. 수십 가닥 굵은 밧줄이 몸을 칭칭 감으면 벗어나기 어렵다.

삶의 무게에 눌리면 처음은 마음의 바닥에 금이 그어지고 조금씩 벽이 생긴다. 가는 실금이 굵은 선 되고 그 위에 석순 자라듯 조금씩 벽이 쌓인다. 벽은 가로세로로 자라고 문도 시간가면 좁아진다. 마침내 두껍고 높은 벽이 생긴다.

방이라기보다 감옥이자 성이 되고 드나들기도 힘들어진다. 문은 막히고 작은 창문 하나로 바깥과 소통하는데 벽이 쌓이는 속도로 봐서 작은 창이 언제까지 유지될지 아슬아슬하다.

마음의 무게는 조금씩 그러나 확실하게 몸과 마음을 잠식하고 온몸에 가득 차면 그때부터 숨통을 조여 온다. 밖은 환한데 내 주변은 어둡다. 환한 세상으로 뛰어가도 앞뒤 사방 진득하게 따라붙는다. 따라오면 달려볼 텐데 시도 때도 없이 벽처럼 가로막고 떨어지지 않는다.

*

미래에서 온 소설 《크리스마스 캐롤》의 구두쇠 영감 스크루지는 온몸에 쇠사슬을 감고 걸을 때마다 철컥거리며 힘겹게 한 발 한 발 뗀다. 저울로 잴 수 없는 인생의 무게는 온몸을 쇠사슬로 칭칭 감는다. 몸뿐 아니라 생각과 마음마저 조이고 즐거움도, 기쁨도, 의욕도, 용기도 묶는다. 아틀라스의 지구만큼 무겁다.

익숙한 세상이 갑자기 사라질 때

그리스 신화에서 에뤼식톤은 곡물의 여신 데메테르의 숲을 마구 벤 죄로 아무리 먹어도 허기를 느끼는 배고픔의 형벌을 받았다. 그는 쉼 없이 먹어대도 항시 배가 고팠다. 재산을 모두 팔고 딸까지 음식과 바꿔 먹고 마지막에는 자신의 몸까지 먹은 뒤 배고픔은 끝난다.

공허하고 외로우면 사람들은 술을 마신다. 술의 주성분은 알코올인데 영양가는 없고 열량만 있다. 화학적으로 에탄올이며 당이나 전분 등을 효모로 발효시켜 만든다. 알코올 에너지는 1g당 7kcal지만 다른 영양소는 전혀 없어 'empty calories'라고 한다. 마셔도 빈속이 채워지지 않는다.

*

　얼마 전 새로 산 스마트폰이 먹통이 되어 A/S를 받았다. 부품을 바꾸면서 저장했던 정보가 모두 삭제되어 상당 기간 모아놓은 사진, 대화기록이 전부 날아갔다. 추억과 자료가 모두 지워진 셈이다.

　수리를 맡긴 이틀 동안 스마트폰 없이 살면서 여러 생각이 들었다. 연락은 당연히 안 되고 본인 확인, 강의 출석 등 할 수 없는 일이 너무 많았다. 전자기기는 고장과 분실위험이 있으니까 백업을 자주 해야 하고 중요한 자료는 따로 저장해야 안전하다는 걸 실감했다.

　그동안 스마트폰에 뺏기는 시간이 많다고 느꼈는데 폰이 없으니까 가용시간이 늘었다. 사는데 아무 지장이 없었고 그전까지 폰이 없으면 불안했는데 아무 일도 일어나지 않았다. 일주일에 하루 정도는 스마트폰 없이 살아보면 어떨까 생각한다.

　스마트폰은 단기간에 인류의 행동 양식을 바꾼 기기다. 요새는 사진, 연락처, 일기 등 개인의 모든 정보를 저장한다. 잃어버리거나 고장이 나면 속칭 멘붕이 온다. 연락도 불가능하고, 약속도 지키지 못하고, 스마트폰으로 하는 금융거래도 끊긴다.

　실제로 2018년 겨울, 서울 아현동 통신구 화재로 발생한 통신장애는 일대를 순식간에 통신 지옥으로 만들었다. 가족, 친구와 연결이 끊기고 길을 안내하던 내비게이션 기능은 도로 한복판에서 멈췄다. 기름을 넣고 싶어도 주유소에서 결제가 안 됐다. 일상이 모두 멈춰 섰다. 연락이 두절된 사람들은 고립된 느낌이 들었다고 한다. 접속이 멈춘 시간은 마치 기억상실증에 걸린 느낌이었을 것이다.

통신장애가 아니더라도 멍한 시간을 가끔 경험한다. 한국 드라마의 주요 소재인 기억상실증보다 증상이 약하지만 가벼운 상실의 시간을 종종 접한다.

흔히 머리가 하얗게 된다고 하는데 나도 생각 없이 멍한 상태에서 걷다 보니 낯선 곳이었던 경험을 여러 번 했다.

마음이 비어있으면 허전
공간이 비어있으면 불안

연인에게 이별 통고를 받은 뒤, 뜻밖의 사건을 겪은 뒤, 시험에서 예상하지 못한 낙방 등 원인은 다양하다. 긴박한 순간에 정신을 집중하느라 주변에 무심한 경우도 있고, 너무 피곤해서 일시적으로 겪기도 하는데, 모든 게 사라지고 텅 빈 느낌만 남는다.

몸도 마음도 지친 날에는 빨리 집에 가서 쉬고 싶다. 집에 갔지만 아무도 없는 때가 있다. 가족들이 잠깐 밖에 나갔거나 늦게 들어올 수도 있다. 문을 열자 텅 빈 공간만 있는 부재의 인식, 누군가 있으면 귀찮을 거라고 생각했는데, 지금 이 순간 여기에 나만 있고 남았다는 느낌이 현실로 다가온다. 마음이 비어있으면 허전하고 공간이 비어있으면 불안하다. 오랜 시간이 아니어도 불편하다.

일시적인 빈 느낌은 자연스럽게 지나가지만 오래가면 뭐로든 채워야 한다. 공허감을 채우러 사교모임도 나가고, 종교단체에 참석하고, 사이버 각종 카페에 가입한다.

웃고 떠들며 잠시 잊어 보지만 오래가지 못한다. 관계가 피상적일 때는 허전하다. 껍데기 관계에 마음은 더 공허하다.

주위가 황량한 느낌이 가끔 들지만 세상이 갑자기 사라지는 일은 거의 없다. 지진이나 쓰나미처럼 천재지변에 의해 익숙한 장소가 사라져버리는 재난은 평생 접하기 어렵다. 주변 환경이 변하기보다 상황이나 마음가짐이 바뀌 다르게 보일 뿐이다. 대부분 내가 먼저 기분을 전환할 때나 현실을 잊고 싶을 때 낯선 곳으로 찾아간다.

현실에서 도피하는 제일 쉬운 길은 사이버 세상으로 가는 것이다. 하지만 익명의 공간인 사이버 세상도 배신, 범죄, 사기, 폭력이 가득해 대안이 되기 어렵다. 거기서 받는 상처도 현실에서 받는 것만큼 아프다. 눈앞에서 비난하는 것과 같은 댓글에 분노하고 모멸감을 느낀다. 한 줄, 두 줄 악플을 죄의식 없이 다는 사람들 때문에 받는 상처가 한 개, 두 개 쌓이다가 한계를 넘으면 폭발한다. 외부로 터지면 고소나 직접적인 응징을 하고 내부로 향하면 우울증이나 자살까지 일어난다.

사이버 세상 안에 시간과 정성을 쏟아 도피처를 구축해도 그곳은 손가락으로 간단히 리셋이 가능하다. 몇 년씩 시간을 투자해 관리하고 공을 들인 SNS도 허망하게 삭제하고 탈퇴할 수 있다.

타의에 의해 내 사이버 세상이 통째로 사라질 수도 있다. 2000년대 중반 한국에서 '싸이월드'는 대세였다. 전성기 때 가입자 수가 2,700만 명에 달했다. '미니홈피'와 '도토리'는 일상용어였고 사람들은 매일 미니홈피 꾸미고 사진 올리고 '일촌 파도타기' 하며 일상과 추억을 저장했다. 그러나 시대가 변하면서 싸이월드는 내리막길을 걸었다. 결국 사이트는 폐쇄되고 수많은 사람들의 추억도 함께 사라졌다.

반면 오프라인의 삶을 리셋하기는 거의 불가능하다. 국적은 바꿀 수 있어도 학적은 바꿀 수 없다. 이름이나 주민등록번호를 바꾸려면 법원의 판결을 받아야 하고 맘에 들지 않아도 가족을 부정할 수 없다. 친구나 인간관계를 정리한다고 해도 상대가 놓아주지 않으면 어쩔 수 없다. 외모까지 바꾸는 '페이스오프'는 아직 영화 속의 세계다.

세상은 변하지 않았는데 갑자기 주위가 아득할 때 있다. 모든 사물, 모든 사람들이 제자리에 있는데 내 주변의 공간만 텅 빈다. 일상이 차단되고 자신이 무의미하게 느껴진다. 일시적인 해리증상이거나, 정신적 충격을 크게 받았거나, 지나치게 피곤할 때 나타나는 현상이다. 겁먹거나 당황하지 말고 담담하게 대하면 아무 일 없이 지나간다.

*

가끔 인생에서 나는 연기하는 탤런트라기보다 지켜보는 시청자가 아닌가 생각한다. 내게 닥친 문제를 고민하고 끙끙대기보다, 시청자처럼 채널을 돌리거나 내버려두면 문제가 더 쉽게 해결되기도 한다. 답을 구하기 어려우면 판을 뒤집으면 되고, 아니면 문제를 무시하고 넘어가거나 방향을 바꿔 벗어날 수 있다.

하늘 아래 새로운 것이 없고, 세상은 모습을 바꿔 다시 오고, 삶은 계속 반복한다. 시청자인 나만 변할 뿐이다.

뼛속까지 시린 상실의 시간

일본 미야자키 하야오 감독 애니메이션 〈하울의 움직이는 성〉은 영상만큼이나 주제곡 〈인생의 회전목마〉가 매력적인 영화다.

히사이시 조가 작곡한 곡의 도입부는 이야기하듯 가볍게 톡톡 치며 진행하다가 비장하게 음이 올라간 뒤 회전목마처럼 반복하면서 확장된다. 영화 장면과 겹쳐 환상적인 선율의 여운이 오래 남는다.

하울은 자기 세상을 지키기 위해 분투한다. 전투가 끝나면 다친 날개를 접고 돌아온다. 피가 뚝뚝 떨어지는 커다란 날개를 끌고 자기 방으로 올라가 혼자 상처를 치유하는 모습은 처연하다. 그가 흘리는 피를 보면 곧 거꾸러질 듯 위태위태하다. 몸을 가누지 못할 정도로 만신창이가 되면서까지 지키는 세상의 의미가 뭘까? 끝은 모든 것이 행복하게 마무리되지만 혼자 세상을 수호하기에 너무 힘이 부친다.

*

나를 포함해서 우리나라 사람들은 과장된 표현을 많이 쓴다. 제일 많이 쓰는 말이 '죽어도, 죽겠다'이다. 죽음은 숨이 끊어진다는 뜻인데 사소한 일까지 죽는다는 말을 입에 달고 산다. 죽을 힘 다해, 죽기 살기로, 죽을 뻔했다 등등. 가장 아이러니한 말은 '좋아 죽겠다'다. 아무리 좋아도 죽으면 꽝이다. 반어법의 극치지만 자주 들어서인지 그러려니 한다.

뼈도 자주 동원된다. 처음 해부학 배울 때 실물 뼈를 보면 바짝 긴장된다. 쉽게 친해질 단어는 아니다. 뼈는 몸의 안쪽에 있어 겉으로 보이지 않는다. 피부, 근육, 혈관을 젖히면 그 다음에 나타난다. 뼈가 있어 외모의 기본 형태가 결정된다. 뼈 길이가 키 높이고 뼈에 살과 피부가 덧붙어 외모가 형성된다.

'할머니뼈 해장국'처럼 한국말 띄어쓰기에 서툰 외국인이 보면 깜짝 놀랄 표현도 있지만 뼈가 나오는 말은 대부분 굳은 의지를 나타낸다. '목숨을 걸고'와 비슷한 뜻이다. '뼈를 깎는 노력'은 진짜로 뼈를 깎는다는 뜻이 아닌 최선을 다한다는 결심이고 '뼈를 묻다'고 하면 한 우물을 파겠다는 비유다.

뼈를 언급한 말은 대부분 비장하고 심각하다. '뼈를 깎는 아픔'은 극한에 다다른 노력과 인내를 의미하고 '뼛속까지 시리다, 뼛속까지 저리다, 뼛속까지 스며든다, 뼛속까지 사무치다' 하면 너무 깊고 강하게 영향을 미친다는 표현이다.

외로우면 기분이 가라앉고
입맛도 떨어져 건강에 빨간불

강한 의지나 강한 충격을 표현할 때도 뼈를 동원한다. '분골쇄신(粉骨碎身)'은 뼈가 가루가 되고 몸이 부서질 정도로 노력한다는 내용이다. '뼛속까지'는 마음 아주 깊숙이 라는 말과 같다. 보이지 않는 마음에 여러 층이 있다면 가장 깊은 층은 몸의 뼈에 해당한다. 무의식 깊이, 잠재의식 깊이 같은 표현처럼 뼛속까지라고 말하면 아주 깊숙한 부위를 말한다.

일상생활에서 뼈를 볼일은 없고 뼈가 다칠 일도 없다. 상처는 대부분 피부에 머물고 심해야 근육층까지 간다. 충격이 아주 강하면 뼈가 부러지지만 상처 입는 횟수에 비하면 극히 적다.

살면서 긁히고 피나고 찢기는 상처는 수없이 겪지만 뼈가 부러지는 일을 경험하는 사람은 소수다.

'골병들다'는 말은 뼈에 병이 든다는 뜻인데 그러면 몸의 기둥이 무너진다. 골다공증은 진짜 뼈가 병든 상태다. 병 자체로 증상이 없는데 약해진 뼈가 조그만 충격에도 주저앉고 부러지기 때문에 무섭다. 여성에게 흔한 병으로 나이 들면 척추가 조금씩 내려앉아 키가 줄어든다. 뼈가 약한데 넘어지면 큰일 난다. 손을 짚다가 손목뼈가 부러지고 방에서 미끄러져

넓적다리뼈나 골반뼈가 부러진다.

다리 쪽 뼈가 골절되면 움직이지 못한다. 심하면 몇 달을 누워 지내야 하고 활동을 못하면 몸은 급속도로 약해진다. 쓰지 못하면 퇴화한다. 이를 '불용성위축'이라고 하는데 젊은 사람도 다리에 깁스하고 한두 달 있으면 안 쓴 쪽이 위축되어 양쪽이 눈에 띄게 차이가 난다. 근육뿐 아니라 내부 장기도 영향을 받아 오래갈수록 예후가 좋지 않다.

외롭다고 직접 뼈가 부러지거나 골다공증이 오지는 않지만 뼈까지 영향을 미칠 수 있다.

외로우면 기분이 가라앉고 입맛이 떨어져 뼈에 필요한 칼슘이나 단백질 섭취가 줄어든다. 활동량이 줄면 햇볕 쬐는 시간도 준다. 햇볕을 봐야 몸에서 칼슘 흡수에 필수적인 비타민D가 생성되는데 결핍 땐 칼슘농도가 떨어지고 뼈에서 칼슘이 빠져 뼈가 약해진다.

너무 외로우면 외로움이 뼛속까지 사무친다고 말한다. 사무친다는 말은 '…에 깊이 스며들거나 멀리까지 미치다'는 뜻으로 가슴에 사무치다, 슬픔에 사무치다 식으로 쓴다. 살다보면 뼈에 사무칠 정도 외로운 때를 몇 번은 경험할 수밖에 없다. 세상에서 철저하게 버림받고 잊히면 그 느낌을 자연스럽게 안다.

이때 외로움은 시리고 냉정하다. 겨울바람처럼 차갑고 싸늘하다. 피부를 뚫고 살을 지나 뼈까지 시리다. 몸이 으스스 떨리고 움츠러든다. 밖으로 나가기 싫고 따뜻한 이불 속에서 웅크리고 그냥 있고 싶다. 모든 일이 귀찮다. 쉬어도 쉰 것 같지 않고 잠을 자도 피로가 풀리지 않는다. 심하면 얻어맞은 것처럼 온몸이 욱신거린다. 사무치게 깊고 오랠수록 타격이 크다.

인기를 먹고 사는 연예인들은 언젠가 외로움을 겪는다고 한다. 사람들이 자기만 바라봤던 시절이 물거품처럼 사라지면 상실감은 어마어마할 것이다. 정치인도 비슷한 증상을 피할 수 없다고 하며 그래서 인기와 권력이 세상에서 가장 강한 중독이라는 말도 있다.

첫사랑의 상처가 큰 이유는
빈자리를 처음 경험하기 때문

한 때 유명인도 '나 누구입니다'해도 '그래서요?'라는 대답이 얼음처럼 돌아온다. 잊히기 싫어 스캔들을 만들고 성형수술도 해보지만 흘러간 물이다. 지나간 화려함은 더 비참하다. 누구나 세상에서 외면당하면 외롭다. 내 주변, 환경, 인생이 돌아서고 직장, 집단에서 배척받는데 덤덤하면 이상한 거다.

말하기 민망하지만 나도 권력을 맛봤다. 군 시절 부하가 몇 명 있었다. 계급사회는 상하관계가 명확하다. 그래봤자 훈련장에서 밥 가져다주고, 커피 타주고, 라면 끓여주고, 야영할 때 침낭 펴놓기에 '라면, 커피' 말하면 '예'하고 가져오는 정도였다. 부하였던 장병들에게 미안하다. 지금이라면 잘 해주었을 텐데 그때는 나도 어렸다.

할머니가 된 소피는 벽난로 앞에서 졸면서 늙으면 좋은 점도 있다고 한다. 몸은 쑤시고 아프지만 마음은 여유가 넘친다. 나는 아직 그 나이가 되려면 세월이 더 지나야지만 인생은 몇 살을 먹든 좋은 때와 나쁜 때가 섞여 있다고 생각한다.

나도 요새는 가끔 무릎이 시리다. 몸무게의 30배까지 견디는 대퇴뼈가 육중한 내 몸을 싣고 다니느라 몇십 년 고생한 후유증이려니 한다. 많이 걷거나 스쿼트 운동을 하고 나면 무릎이 며칠 아프고 시큰하다. 어르신들이 몸에 바람이 들고 시리다고 하는데 이런 느낌일 것이다.

*

언제 사무치게 외로울까? 아주 그립거나 허전할 때다. 대부분 상실의 시간을 접하면 극한의 외로움을 경험한다. 사랑하는 사람이 죽거나, 헤어질 때 느낀다. 의존 대상이 클수록 빈자리는 크고 외로움은 깊다.

첫사랑의 상처가 큰 이유는 첫사랑의 빈자리를 처음 경험하기 때문이다. 마음에 사랑이라는 큰 공간을 만들어 놓았는데 사랑이 떠나가면 빈자리만 남는다. 전에는 외로움이 들어올 공간이 없었는데 사랑이 만들고 남긴 빈자리를 외로움이 채운다. 사랑이 깊을수록 상실감도 크다.

플러스

이별을 몸으로 느낄 수도 있고 마음으로 느낄 수 있다. 매일 보던 사람이 더이상 눈에 보이지 않는다면 먼저 빈자리를 느낀다. 그리고 빈자리에 감정을 덧씌운다.

사람은 자기 몫의
외로움을 달고 산다

패닉(panic)은 방송에도 자주 등장하는 익숙한 단어가 되었다. 그리스 신화의 초원이나 들판에 사는 반인반수의 모습을 한 목축의 신인 판(Pan)에서 유래했다. 판이 있어 인적이 드문 들판이나 숲에 혼자 있으면 으스스한 느낌이 든다고 생각한다.

무섭고 공포감에 어쩔 줄 모를 때 패닉 어택(panic attack)이 왔다고 한다. '패닉에게 두들겨 맞고 제정신이 아니다'라는 뜻이다. 나도 초보운전 때 경험했는데, 운행 중 갑자기 심장이 터질 듯 뛰고 눈앞이 깜깜하고 손발이 오그라들어 더이상 운전할 수 없었다. 몇 번 재발하면 무서워서 운전을 못 하겠구나 하는 공포가 들 만큼 끔찍한 경험이었다.

혼자 있는 공간과 시간을 맞닥뜨리면 섬뜩한 느낌이 들고 소름 끼칠 때가 있다. 산속에서 인적이 끊기고 길을 잃으면, 정신이 혼미하고 나무가 덮치고 바위가 솟아나는 착각에 빠진다. 정신없이 발걸음을 재촉해서 인기척이 나고 민가가 보일 때 그제야 안심한다.

*

예전에 외로울 때 해법은 단순했다. 친구를 만나고 모임에 속하면 해결되었다. 하지만 현대 도시인은 다르다.

원시시대 자연에 혼자 남았을 때 생존이 걱정이었다면 지금은 타인과 관계와 소통이 중요하다.

도시는 사람들로 득시글거린다. 번화가에서는 걷다가 어깨를 부딪칠 정도다. 언제 어디서나 사람을 만날 수 있다. 돈과 시간만 투자하면 전문적인 대화와 상담이 가능한 심리상담소나 정신건강의학과도 많다. 친절한 미소로 모든 걸 들어주고 당신을 이해한다는 온화한 분위기에서 속사정을 터놓고 이야기할 수 있다.

그래도 깊숙한 마음 문제를 타인이 제대로 공감하기 힘들다. 머리로는 이해돼도 감정을 똑같이 느끼기는 불가능하다. 전문가도 당사자처럼 알 수 없다. 본인의 마음문제에 타인이 해답을 주기란 참 어렵다.

도시는 사람이 넘쳐 외로울 일은 드물다. 동아리도 많고 카페, 밴드 등 모임은 얼마든지 있다. 종교단체는 언제든 '친구여'하면서 환영을 한다. 그런데 함께 시간을 보내도 겉돈다.

즉석미팅 같은 눈에 보이지 않으면 바로 잊는 인간관계에서 즐거움은 그때뿐이고 외로움은 가시지 않는다.

주위를 돌아보면 모두 밝고 그늘이 없어 보인다. 마치 들키면 안 되는 약점처럼 불행을 감추고 행복한 모습만 보여서 위선의 가면을 쓴 것 같다. 정말 모두가 행복한 걸까.

누구나 걱정뿐 아니라
외로움은 피하지 못해

나만 외롭고 나만 서럽고 나만 죽을 것 같다. 세상 모든 사람이 행복하고 서로 위하고 함께 나누는데, 나 혼자 떨어져 세상의 찬바람을 혼자 맞고 괴로워한다고 단정짓는다. 하지만 내가 외로우면 남도 외롭다. 남이 외로우면 우리도 외롭다.

미국 외로움 전문가 존 카치오포 박사는 '나'에 대해 느끼는 외로움, '너'와의 외로움, '우리' 속의 외로움을 이해하고 사회적 유대감을 형성해가는 과정에서 외로움이 치유된다고 말하지만 사실은 나도 외롭고 너도 외롭고 우리도 외롭다. 모두 외롭다. 사는 게 힘들다고 자기 몸에서 내뺄 수 없듯 자기감정에서 달아날 수 없다. 다들 자기 몫의 외로움을 달고 산다.

걱정인형은 걱정을 대신 해주는 인형이다. 오죽 걱정이 많으면 인형에게 맡길까마는 그만큼 사람은 다 자기 걱정이 있다. '걱정해서 걱정이 없어지면 걱정이 없겠네'라는 티베트 속담도 있고 '걱정을 위한 걱정'이라는 심리학 용어도 있다. 걱정은 대신해 줄 인형이라도 있지만 외로움은 대신할 인형도 없다. 누구나 걱정뿐 아니라 외로움은 피하지 못한다. 적당히 숨기면서 모두 그렇게 살아간다.

'익명의 섬'은 도시를 표현할 때 딱 맞는 말이다. 외로움은 섬과 많이 닮았다. 섬은 외로움을 상징한다. 끝이 보이지 않는 바다에 점점이 박혀 있는 섬, 사방을 둘러봐도 물뿐인 바다에 막혀 건너갈 수 없는 분리된 공간이다.

도시는 바다고 사람은 섬이다. 섬은 바닷물로 이어지고 도시는 사람들로 이어진다. 그러나 격리된 나는 남과 별개다. 각자 자기 섬에서 다른 섬으로 가지 못한 채 바다만 보고 있다. 외로움은 우리 사이에 펼쳐진다. 너와 나 사이에, 그와 그녀 사이에도 있다. 타인과 거리만큼 내 안의 외로움도 깊고 넓다.

섬 주위에 파도가 친다. 끝없이 철썩이는 파도는 섬을 갉아 큰 동굴을 만든다. 사람들 주위에 외로움의 파도가 인다. 나의 외로움이 너의 가슴에 동굴을 만들고 너의 외로움이 내 가슴을 깎는다.

도시의 외로움은 뻔히 보이는 섬을 갈 수 없어 더 외롭다. 눈에 보이는 섬은 절벽이라 다가서기도, 상륙하기도 어렵다. 다른 섬은 파도가 너무 세다. 접근하면 배가 부서진다. 내 섬도 남이 보기에 파도가 거칠고 절벽으로 된 돌섬이다. 섬을 떠날 꿈은 꾸지만 떠나기 무섭고 누가 찾아와도 부담이 된다. 오늘도 파도가 친다. 절벽에 부딪치는 파도에 섬은 더 다가가기 힘들다.

간신히 옆 섬으로 옮겨도 크게 달라지지 않는다. 조금 큰 섬으로 가도 외롭기는 마찬가지다. 외로운 사람끼리 두 손을 잡아도 외로움은 그대로다. 외로움을 달래려 찾아간 사람에게 더 큰 외로움을 만나는 일도 많다. 겉으로 화려한 사람도 속은 외롭다. 위로를 받으러 갔다가 위로를 하고 온다.

*

　도시는 사람이 넘쳐난다. 이 많은 사람 중에 내 외로움을 덜어줄 사람이 없다니 힘이 빠진다. 오히려 그들도 자기 외로움을 못 이겨 누군가를 찾아 나섰다고 생각하면 가슴이 시리다. 외로운 사람들은 도시로 모이고 도시는 더 외롭다.

+ 플러스 ──────

인생은 두 개의 큰 강을 피할 수 없다. 출생의 강과 죽음의 강이다. 삶은 이 사이에서 이루어진다. 숱한 레테의 실개천을 넘지만 결국 죽음의 강인 스틱스강을 만난다. 건너면 돌아올 수 없다. 나도 몇 번 언저리까지 가봤다. 절대 넘고 싶지 않지만 자꾸 다가온다. 하루가 쌓이면 하루만큼 스틱스강으로 다가간다. 내일이 온다는 건 축복일까 저주일까.

오늘 하루 잘 참았다

하루살이는 하루를 산다. 내일이 없어 안쓰럽다고 생각할 수 있지만 그들은 일생을 제대로 압축해서 사는 셈이다. 불쌍하다는 생각은 편견이다. 그들은 하루를 밀도 있게 보내며 하루 동안 생로병사, 희로애락의 일생을 전부 경험하고 자손을 남긴다.

하루는 보내기에 따라 아주 길기도 하고 짧기도 하다. 잠깐 잠들었는데 깨어보니 다음날인 경우도 있고 내일이 영원히 오지 않을 것처럼 긴 하루도 있다.

*

　인생은 하루하루가 모인 합이다. 인생을 잘 산다는 말은 하루를 잘 산다는 말과 같다. 하루를 어떻게 보내느냐에 따라 인생의 행복과 불행이 갈린다. '오늘 하루 행복하길' '하루에 한 순간 조차' '하루를 살아도 행복할 수 있다면' '보람찬 하루 일을 끝마치고서'처럼 하루의 중요성을 강조하는 노래도 많다.

　하루는 사람이 규정한 시간 단위 중 맺고 끝냄이 확실한 기본단위다. 인공 도구인 시계가 없더라도 시간의 흐름을 알 수 있는 자연의 단위다. 하루를 기준으로 잘게 나누면 시간이고 길게 늘이면 달력이다.

　하루는 한 날을 뜻하지만 시간 단위로도 쓴다. 과학의 영역이 아닌 일상에서 시간의 최소단위는 초다. 시간이 모여 하루가 되고 수만 번 쌓이면 인생이다. 시간을 초, 분, 일, 월로 정한 건 사람의 구분이지만 하루는 해가 뜨고 지는 자연의 구분이다.

　초나 분은 어떤 행위를 하기는 너무 짧다. 사람이 예측하고, 기획하고, 행동하고, 결과를 보는 최소단위는 하루가 적당하다. 몇 년 앞을 보라고 해도 거의 사람들은 몇 시간 앞을 볼 뿐이다. 학교가 끝날 시간을 생각하며 등교하고 퇴근을 기대하면서 출근한다. 하루는 비교적 시작과 끝이 명확하다. 그만큼 계획과 실행을 점검하기 적당하다.

　장기적인 계획도 중요하지만 개인은 하루를 잘사는 일이 제일 우선이다. 아침에 일찍 일어나서 계획대로 오늘을 잘 보내면 잠자리에 누울 때 뿌듯하다. 해보면 안다.

　자신감이 넘치는 경험이 쌓이면 인생도 잘 풀린다.

하루를 어렵게 보내면 다음 날이 부담스럽다. 하루만 힘들었고 힘든 날이 이어졌을 뿐인데, 지난 많은 시간이 무가치하게 느껴지고 앞으로 올 더 많은 시간에 대한 자신감이 사라진다. 그런 날이 한두 주 반복되면 '내 삶은 이런 건가'하는 패배감과 포기하고 싶은 마음이 절로 든다.

도전정신이 충만한 사람
문명의 발달을 위해서 꼭 필요

긴 철사도 한 지점만 구부리면 방향이 바뀐다. 90도건 180도건 구부리는 부위는 한 점이다. 운전을 하다 보면 길을 잘못 들 때가 이따금 있는데 어느 한 지점에서 다른 방향으로 꺾은 탓이다. 자꾸 달릴수록 목적지와 멀어진다. 모두 한 지점, 한 순간에 일어난 행동의 결과다.

인생도 꺾인 사건, 순간, 시간, 날이 있다. 그때 이후로 방향이 바뀐다. 그래도 다행인 건 방향은 언제든 바꿀 수 있다. 지금까지 들인 시간이 아깝고 달려온 길에 미련이 남아도 아니다 싶으면 바꾸면 된다. U턴하면 돌아갈 수 있다. 시간이 걸리고 온 만큼 고생을 더 하지만 되돌릴 가능성은 있다.

처음부터 길을 제대로 가면 좋은데 옳은 길인지 아닌지 알기 쉽지 않고 잘못 든 사실을 아는데도 시간이 걸린다. 그래서 정기적인 점검은 반드시 필요하다.

대부분 사람에게 삶은 수동적인 시간이다. 세상의 흐름에 무기력하게 실려 간다. 의지로 선택할 수 있다고 해도 한계는 명확하다. 하루 중 내가 할 수 있는 선택은 점심을 짜장면이냐, 짬뽕이냐 수준이고 아침에 일어나는 시간을 몇십 분 앞당길 수 있는 정도다. 삶의 정해진 틀을 벗어나기는 정말 어렵다.

물론 작심하면 일상을 송두리째 뒤집기가 가능하다. 출근을 거부할 수 있고 직장에서 상사의 얼굴에 사표를 던지고 나올 수 있다. 학교를 자퇴할 수 있고 운전할 때 도로를 벗어나 달릴 수 있다. 하지만 승용차는 도로를 벗어나면 오래 달리지 못하고 진흙탕에 빠지면 견인차를 불러야 한다. 오프로드용 차는 안락함을 버리고 튼튼함에 초점을 맞춰 제작된 차다. 처음부터 제작 목적이 다르다. 삶의 경기장을 벗어나면 돌아오기는 쉽지 않다.

나는 매일 현실에 매여 도망가지 못하고 힘들어 죽겠는데 주변에 보면 행복한 사람이 눈에 띈다. 객관적으로 행복한 사람도 있고 주관적으로 행복하다고 느끼는 사람도 있다.

가끔씩 즐거운 사람도 많다. 하지만 대부분 '왜 사느냐고 물으면 그냥 웃지요' 할 것이다. 부처님은 삶은 고해라고 했다. 고통의 바다라니! 살면서 행복한 순간이 얼마나 될까? 자신 있게 나는 지금 행복하다고 말할 사람이 많을까 궁금하다.

인생을 대하는 방법은 제각각이다.

삶을 도전과 동일시하는 사람은 일부러 일을 만들고 환경을 뒤집고 안주하길 거부한다.

안정을 정체라 생각하고 도전에 의미를 두며 목표를 성취하고 안정될 만하면 다른 목표로 눈을 돌린다. 모험가나 탐험가 기질의 도전정신이 충만한 사람은 문명의 발달을 위해서 반드시 필요하다. 그들은 옆에서 보기에 꼭 저렇게 살아야 할까 생각이 들 정도로 일을 만들고 고생을 사서하며 거기서 보람과 의미를 찾는다.

'오늘 하루만 더' 고통스럽지만
내일을 열어주는 열쇠

인생의 한 시기를 고단하게 살아가는 사람도 많다. 지금은 어렵지만 희망이 보이고 시련은 끝이 보인다. 시련 뒤에 발전도 있고 수확도 따라온다. 누구나 살다 보면 버텨야 할 시절을 몇 번은 맞는다. 하루하루가 전쟁이고 저녁이 되면 온몸이 파김치 된 채 쓰러진다. 힘들지만 피할 수 없는 과정이고 대부분 이겨낸다.

살다보면 힘든 상황을 피할 수 없을 때도 있다.

외부 환경이 어렵고 내 마음이 힘들어 아침이 무섭고 눈을 뜨기 싫다. 희망도 없고 위로해 줄 사람도 없는데 하루는 너무 길고 지친다. 말 그대로 죽지 못해 산다. 몸만 힘들면 잠이라도 잘 텐데 마음이 힘들면 잠도 오지 않는다. 잠이 들어도 뒤척이다 자는 둥 마는 둥 한다. 하지만 포기하지 않고 버티다 보면 '그때는 힘들었지' 할 때가 꼭 온다. '힘들었지만 지나보니 그때가 행복했다'고 할 때가 정말 온다. 인생은 매정해 보여도 고생한 만큼 보답을 한다.

금수저, 흙수저라는 말처럼 태생은 달라도 마음먹기에 따라 순위를 뒤집을 수 있다.

하루살이는 하루를 열심히 살고 불평하지 않는다. 인생을 불평하는 생명체는 사람뿐이다. 불평으로 끝날지 호평으로 끝날지 자신에게 달렸다. 내일은 또 다른 해가 뜬다.

오늘 하루 잘 참았다. 정말 잘 참아냈다.

*

오늘 하루를 참는 이유는 희망 때문이다. 판도라의 상자 맨 밑바닥에 있던 희망은 활력소다. 희망 때문에 버티고 노력을 한다. 포기하면 편하다는데 인생의 금맥은 언제 어디서 터질 줄 모른다.

'일 미터만 더, 한 걸음만 더, 한 번만 더, 오늘 하루만 더'는 고통스럽지만 내일을 열어주는 열쇠다.

플러스

일생은 거시적으로는 제각각이지만 미시적으로 보면 대부분 삶은 비슷하다. 먹고 입고 자고 싸우고 일하는 기본행동을 바탕으로 이루어진다. 일상은 제삼자의 눈으로 보면 유치하고 단순하다. 아무 일도 아닌데 흥분하고 다투고 기뻐하고 후회한다. 하지만 삶은 그런 사소한 일이 모여서 이루어진다. 그래서 우리는 사소한 일에 목숨을 건다.

우리는 보고 싶은 것만 본다

인류의 자존심에 타격을 가한 사건
이 세 가지 있다고 한다. 첫 번째는 코페르니쿠스의 지동설이다. 지구는
우주의 중심이라고 자부심을 가졌는데, 지구도 단지 태양주위를 도는 행
성 중 하나일 뿐이라며 우주의 중심에서 변방으로 추락시켰다. 그 뒤 천
문학의 발전은 태양마저 우주 구석에 위치한 흔한 별이란 걸 밝혀냈다.

두 번째 사건은 다윈의 진화론이다. 신의 모습을 따라 신이 창조한
하나뿐인 선택된 존재가 아니라, 단세포 생물에서 진화했고 원숭이와 다

를 바 없다는 주장은 사람 종에 대한 자부심을 여지없이 구겨버렸다. 진화과정을 본 사람이 없기 때문에 논란은 계속 되겠지만 유전자 분석에 따르면 사람은 침팬지뿐 아니라 선충류와 그리 먼 관계가 아니다. 유전자만 보면 선충류, 개, 원숭이, 사람이 다 친척이다.

세 번째 충격은 프로이트가 선사했다. 정신분석학을 창시한 그가 발견한 무의식에 따르면, 우리는 고상하고 우아한 천사 같은 존재가 아닌 욕망의 덩어리다. 도덕적으로 용서할 수 없는 성(性)적, 공격적인 욕망으로 꽉 차 있는데 사회에서 속 따로 겉 따로 허위의식으로 포장해 살 뿐이다. 워낙 많은 연구와 사례, 실험이 있어 무의식의 존재는 부정할 수 없는 사실인 듯하다.

*

한때 말하지 않아도 무슨 생각을 하는지 알고 이심전심(以心傳心)으로 마음이 통하는 친구를 바란 적이 있다. 친구는 영혼의 쌍둥이라는 둥 하면서 말이다. 그러나 부질없다고 일찍 기대를 접었다. 그런 친구를 바란다면 내가 먼저 그래야 하는데 나는 남의 마음과 감정을 헤아리는 데는 젬병이다. 귀를 기울여 말을 듣고 이해하려고 노력해도 나중에 보면 오해하고 착각한 때가 훨씬 많았다.

친구나 선배에게 진지한 고민을 털어놓으면 답은 비슷했다. 자신의 문제는 '스스로 해결하라'였다. 지나고 보니 친구나 선후배의 상담보다 시간이 제일 좋은 해결책이자 스승이었다. 지금은 힘들면 그냥 혼자 해결하고 남에게 기대지 않는다.

사람들의 이기적인 모습은 어릴 때 기대한 성숙한 어른의 모습이 아니었지만 성인이 되면 사람은 원래 이기적이고 냉정하다고 생각한다. 사람은 본능적으로 남보다 자기를 더 챙긴다. 당연히 그런 줄 알고 살면 된다. 기대와 다르다고 아쉬워 할 필요 없다.

사람은 본능적으로 자기를 더 챙겨
타인의 친절은 어쩌다 만나는 행운

사람의 본성을 이해하면, 인생을 남에게 의존하는 태도는 요행을 바라는 것과 같다는 생각이 든다. 타인의 친절은 필수가 아닌 어쩌다 만나는 행운이다.

진화 과정에서 다른 개체를 돌보는 습성이 있는 동물이 더 잘 살아남고 번식도 잘해서 습성이 유전적으로 대물림 된다고 하지만 선행도 나부터 챙기고 난 다음이다.

우리는 모두 나르시시스트다. 남의 일에 관심이 없다. 물에 비친 자기 모습에 반해 먹지도 않고 잠도 안 자고 물만 쳐다보다가 꽃이 되거나, 거울만 보고 외모만 가꾸다가 벌 받는 이야기는 동서양에 흔하다. 자라면서 사람의 본능은 먼저 자신이 쓸 에너지를 챙긴 후 2차적으로 남에게 신경을 쓰고 주는 것이다.

누구나 보고 싶은 것만 보고 내게 필요한 정보만 받아들인다. '칵테일 효과'라는 용어는 시끌벅적한 파티에서 소음이 아무리 심해도 자기에 관한 이야기는 귀에 쏙쏙 들어오는 현상을 말한다.

유명한 '보이지 않는 고릴라' 실험은 한 가지에 집중하면 다른 사물이나 사건은 무시하는 뇌의 기능을 보여준다.

미국 영화 〈300〉에서 미남배우 로드리고 산토로가 연기한 페르시아의 왕 크세르크세스는 '나는 관대하다'고 말한다. 그는 관대하다고 선포하지만 진짜 관대한지 알 수 없다. 속생각을 남이 알기는 불가능하다. 관대한 마음은 관대한 말이나 행동으로 표현해야 알 수 있다.

속마음을 남이 먼저 알아줄 거라고 기대 안하는 게 좋다. 잘 모르는 마음을 부정확한 말로 전달하고 그걸 자기 생각대로 해석하고 개인마다 다른 반응을 보인다. 사람은 신의 형상만 흉내내었지 능력까지 닮은 창조물이 아니다.

표현하지 않으면 동료나 가족도 내 속생각을 알지 못한다. 다리를 다쳐 깁스하거나 상처가 있어 붕대를 감으면 금방 안다. 여기저기서 위로하고 짐을 들어주는 친절을 베푼다.

하지만 속병은 다르다. 알지 못하니까 배려하지 못한다. 눈에 띄는 가벼운 외상은 호들갑 떨며 안부를 물어도 속병은 병명을 밝히기 전까지 아무도 모른다. 오죽하면 병은 소문을 내라는 말이 있을까. 나 아프다고 자꾸 이야기해야 관심이라도 보인다.

보이는 몸의 상태는 동의를 구하기 비교적 쉽다. 피곤하다, 기운이 없다고 하면 바로 알아듣고 쉬라고 배려를 한다. 배가 아프고, 몸살이 나고, 어깨, 허리가 아프면 어떻게 불편한지 안다. 말하면 이해하고 위로가 돌아온다. 중병으로 수술하면 병가를 주고 나을 때까지 기다려준다. 몸의 병에는 관대하다.

하지만 마음은 복잡하고 이해하기 어렵다. 눈에 보이지 않아 객관적인 평가가 힘들다. '마음이 아파서 하루 쉬겠다' 하면 찍힌다. 오늘 '외로워서 조퇴 하겠다' 하면 문제 인물이 된다. '우울해서 휴직 하겠다' 하면 끝이 좋지 않다.

그나마 많이 알려진 우울이나 불안은 조금 이해를 구할 수 있어도 다른 감정은 남의 공감을 구하기가 매우 어렵다.

누가 먼저 내 마음을 알아줄까 기대하는 것은 부질없는 일

조증처럼 특색이 있으면 금방 눈에 띌 테지만 정적인 감정은 쉽게 눈치를 채지 못한다. 친한 동료나 '너 요새 무슨 일 있니?' 물을 정도다. 외롭다고 하면 공식처럼 정해진 답이 돌아온다. '너 허전하구나. 누구 소개 시켜줄까?' 반사적으로 나온다. 사람이 필요하면 만남을 통해 해결해 볼 수 있다. 모임도 나가고, 소개도 받고, 적극적으로 어울리며 벗어나려는 노력을 해볼 수 있다.

하지만 원인을 찾기 힘들 때는 설명도 어렵고 들어도 수용하기 힘들다. 들어주기는 해도 '너 배부른 소리야'하는 표정이다. '왜 외로운데?' 물으면 답을 못한다. 원인을 찾지 못하니 해결책도 없다. 그냥 기다리는 수밖에 없다.

내 마음의 상태를 누가 먼저 알아주기를 기대하는 것은 부질없다. 거기다 정확히 알아주리라는 생각은 아주 버리는 게 낫다. 알아도 '요새 왜 저래' 정도다.

마음의 증상은 심하지 않으면 대부분 저절로 사라진다. 하지만 기간이 오래되고 깊어지면 악순환이 시작된다. 기다려도 해결되는 게 아니라 만성으로 변한다. 행동도 바뀐다. 사람을 피하고 혼자 있으려 한다. 자기 동굴로 들어가 입구를 막고 앉아 동굴 벽만 본다. 세상으로 나와야 회복이 되는데 자꾸 뒤로 물러선다. 이젠 남에게 호소하기도 지쳐버려 아픈 마음이 자리를 잡는다.

*

미국 영화 〈마션〉에서 주인공 맷 데이먼은 화성에 혼자 남았지만 포기하지 않는다. 살아남아 수억 킬로미터 떨어진 지구와 교신을 한다. 마침내 주인공은 생명체가 혼자뿐인 행성에서 사람이 우글거리는 지구로 돌아온다. 지구에서 사람에게 돌아가기는 화성보다 훨씬 쉽다.

플러스

떨어질 때 가벼운 것은 무게가 느껴지지 않는다. 충격이 없다. 나도 모르고 아무도 모른다. 무겁게 떨어져야 나도 알고 남도 안다. 맞으면 아프다. 변하고 싶으면 무게를 싣고 떨어져야 한다. 내가 먼저 아파야 나도 알고 남도 안다. 충격의 크기가 아픔의 크기고 아픔의 크기가 변화의 크기다.

회복탄력성으로 고독을 넘고

온몸이 부서져라 헌신했는데 인정받지 못하면 허탈하다. 믿는 사람에게 외면당하면 배반감에 가슴이 찢어진다. 애정이 많을수록, 정성을 들일수록 상대의 기대와 다른 차가운 반응은 쓰라리다.

끝까지 내 편이리라 믿었던 가족의 외면은 더욱 서럽다.

카프카의 소설 《변신》은 음울하다. 가족을 위해 헌신했던 주인공 그레고리가 어느 날 아침 잠자리에서 눈을 떠보니 거대하고 흉측한 벌레로 변신해 있었다. 생계를 그에게 의존하던 가족은 벌레를 더이상 가족으로 인정하지 않는다. 그동안의 노고는 잊고 사과를 던지며 노골적으로 사라지라고 폭언을 한다.

개인의 소외와 좌절을 잿빛으로 그린 소설에서 벌레가 된 주인공은 목소리를 잃고 신음소리만 낸다. 생각과 감각은 정상인데 껍질 안에 속박된 그는 벌레 몸에서 완전한 고독에 갇힌다. 외부와 철저히 차단된 몸뚱이는 방안에 격리된 채 가족과 사회에서 버림받고 가족의 냉대와 저주에 떠밀린 벌레는 절망과 고통 속에서 죽는다.

*

'고독'은 세상에 홀로 떨어져 있는 매우 외로운 쓸쓸함이고, '외로움'은 홀로 되어 느끼는 쓸쓸한 마음을 말한다. 고독과 외로움의 차이는 '매우'에 있다. 구별 없이 쓰기도 하지만 아무래도 고독이 외로움보다 무겁다.

외로움은 말랑말랑한 형용사 느낌이 난다. 외로움이 물이라면 고독은 얼음처럼 더 딱딱하다.

외로움이 한여름 시원하고 푹신한 물침대라면 고독은 한겨울 인적 드문 공원에 눈이 쌓여 얼어붙은 벤치같이 차갑다.

외롭다고 하면 놀아줄 사람이 필요하고, 같이 있고 싶고, 함께 할 시간을 더 바란다는 뜻이다. 누군가를 기다리고, 그리워하며, 문을 열어 놓고, 전화기도 켜 놓고 온라인에 접속한다.

박목월 시인의 〈윤사월〉처럼 말이다.

송화(松花) 가루 날리는
외딴 봉우리

윤사월 해 길다
꾀꼬리 울면

산지기 외딴 집
눈먼 처녀사

문설주에 귀 대고
엿듣고 있다

해질녘 문 앞에서 사람을 그리워할 때는 무척 외롭다.

고독은 매우 외로운 사람이 누군가를 기다리다 지친 상태다. 기다림도 계속되면 포기한다. 너무 오래 기다리고 심하게 기다리면 미련마저 사라지고 희망도 접고 문을 걸어 잠근다. 전화기는 방전되고 몸도 마음도 망부석처럼 딱딱하게 굳는다. 이젠 연락도 꺼려하고 먼저 다가가기도 두렵다.

외로움이 후퇴라면
고독은 패배이자 항복

외로울 때는 사람이 그립다. 더 그립고, 더 생각하고, 더 찾고, 단지 일시적인 감정이니까 언제든 벗어날 수 있다며 걱정하지 않는다. 지금은 심심해도 언제든 이야기할 사람, 위로해줄 사람, 함께 할 사람이 있다고 자신한다.

고독은 무겁고 무섭다. 고독한 사람이 본 세상은 나는 혼자 동떨어져 있고 사방을 돌아봐도 내게 올 사람이 보이지 않는다. 수많은 사람은 내게 전혀 관심 없다.

세상과 연결은 끊기고, 잊히고, 쫓겨난 모습이다.

외로움이 후퇴라면 고독은 패배이자 항복이다. 외로움은 일시적인 물러남이지만 고독은 돌아갈 다리가 끊긴 상태다. 다리를 다시 만들거나 먼 길을 돌아가야 한다. 그래서 고독은 더 무섭다.

언제든 돌아갈 수 있는 희망이 있고 없고는 하늘과 땅만큼 차이가 엄청 크다. 내 의지로 벗어날 수 있을 때와 없을 때 느끼는 자신감의 차이는 극복하기 버겁다. 고독은 벗어나려는 시도마저 포기한 상황이다. 무기력해진 것이다.

1967년 미국 심리학자 마틴 셀리그만은 개 24마리를 3개 그룹으로 나눠 실험했다. 1그룹은 전기충격을 주면 개들이 장치를 조작하여 전기충격을 멈출 수 있도록 하고 2그룹은 전기충격에 개들이 저항할 수 없도록 묶어놓았다. 3그룹은 충격을 주지 않았다.

24시간 후 두 번째 실험은, 전기충격을 가하면 개들이 가운데 칸막이를 넘어 반대쪽으로 도망쳐 충격을 피할 수 있는 상자에 넣었다. 1,3그룹의 개들은 반대편으로 넘어가 전기를 피했지만, 2그룹의 개들은 그대로 전기충격을 당했다. 충분히 피할 수 있는 조건인데도 이전에 아무런 대응도 할 수 없던 경험으로 인해 무기력을 학습한 것이다. 마음도 무기력을 학습한다는 것이다.

외로우면 처음에는 여기저기 전화해 약속을 잡고 친구를 만난다. 상황을 바꾸려 노력한다. 그러다 노력이 헛되면 점차 포기한다. 외로움의 강도가 한계치를 벗어나면 세상으로 나갈 용기가 꺾이고 자신의 동굴로 물러선다.

그냥 외로움의 샤워를 맞고 고독한 일상이 시작된다. 바닥이 보이지 않는 심연으로 끝없이 가라앉는다.

고독은 외로움보다 무겁고, 두껍고, 차고, 단단하다. 외로움의 외피가 홑겹이라면 고독은 겹겹이 쌓인 두터운 가죽이다. 밖으로 뚫고 나가기도 어렵고 밖에서 들어오기도 힘들다.

고무나 스프링의 특성은 탄력성이다. 압력을 주면 반발력으로 튀어 올라 원래 모습으로 돌아온다. 그러나 한계를 넘어가면 더이상 반발하지 않는다. 탄력을 잃은 고무나 스프링은 제 모습을 잃고 쭈그러들거나 늘어진다.

꿋꿋하게 튀어 오르는 마음의 근력
세상을 헤쳐 나가는 강력한 무기

마음도 제자리로 돌아가려고 한다. 회복탄력성(resilience)은 역경, 시련, 실패에 직면했을 때 좌절하지 않고 이를 발판 삼아 더 높게 튀어 오르는 마음의 근력이다.

회복탄력성이 강한 사람은 시련이나 실패 후 바닥까지 추락했다가 떨어지기 전 위치 보다 더 높은 곳으로 튀어 오른다.

힘든 사건이나 시련이 닥쳤을 때 회복탄력성이 강한 사람은 쉽게 좌절하지 않는다. 잠시 쉬었다가 힘을 비축한 뒤 다시 일어난다. 긍정적인 마음으로 세상을 받아들이면 회복탄력성이 높아진다. 인생의 바닥에서 위로 올라올 수 있는 힘, 시련에 좌절하지 않고 꿋꿋하게 튀어 오르는 마음의 근력은 세상을 헤쳐 나가는 강력한 무기다.

몸과 마음이 고독에 둘러싸이면 주변에 둔감해지고 타인의 감정이 보이지 않는다. 그러나 다행스럽게 고독은 더 물러설 곳이 없다. 지금 이대로도 괜찮다고 애써 담담한 척하지 말고, 눈을 크게 뜨고 주변을 보면 출구가 보인다. 바닥이 딱딱할수록 반발력이 크다. 이제 튀어오를 준비가 되었다.

*

그리스 신화의 전설적인 발명가 다이달로스의 아들인 이카로스는 아버지와 함께 미궁을 탈출하면서 아버지의 당부를 잊는다. 너무 내려가면 밀랍으로 만든 날개가 물에 젖고, 너무 높이 날면 햇빛에 녹는다는 경고를 무시하고 높이 오른다. 결국 날개가 녹아 바다에 빠져 죽는다.

세상에 추락하지 않으려면 날 때 너무 높아도 낮아도 안 된다. 감정도 일정한 높이를 유지해야 안전하다.

살며 위로하며 위로 받으며

첫 자가 붙으면 첫 사랑, 첫 눈, 첫 수업, 첫 시험, 첫 경험, 첫 출근 등 뭐든지 오래 기억에 남는다. 첫 실패도 오래 각인된다.

나의 첫 실패이자 첫 좌절은 레지던트 지원 시험에서 떨어진 일이다. 고입, 대입, 진급, 국가고시, 인턴시험, 운전면허까지 막힘없이 순항하다가 부딪친 첫 낙방은 충격이었다. 합격자를 발표하는 날, 벽보에 이름이 없는 걸 확인하고 다리가 후들거렸다.

처음 겪은 실패의 느낌은 너무 가혹했다. 원무과 직원이 퇴직 서류를 주면서 '갈 사람은 가고' 한 말이 차갑게 박혀 수십 년이 지난 지금도 잊히지 않는다.

어제까지 스스럼없이 대하던 동료들과 멀어지고 병원에서 나갈 사람으로 취급 받는 기분은 비참했다.

다들 눈치 보며 조심하는 것처럼 보였다. 특히 다른 과를 지원하기로 했다가 나를 밀어낸 경쟁자는 더 했다. 시험 결과에 계속 미안해했다는 말을 한참 지나서 들었다.

그때 군대를 마친 예비역 동료가 해준 말은 두고두고 위로가 되었다. 자기도 인턴시험에 떨어져 군대에 갔는데, 빠른 속도로 달리는 기차에서 내린 기분이었다고 했다. 안에 있을 때는 몰랐는데 내려서 보니 지금까지 정신없이 달려왔고 한 번쯤 쉬어가도 괜찮았다는 경험을 덧붙인 격려가 고마웠다.

*

가수 윤복희 노래 〈여러분〉은 발표된 지 수십 년 지난 지금 들어도 호소력이 대단하다. 예술작품은 대중의 심금을 울리고 공감대가 있어야 생명력을 얻고 시대를 뛰어넘어 살아남는다.

고전이 수백 년 지나도 감동을 주는 이유는 사람의 본성이 변하지 않았기 때문이다. 외로움, 애증, 사랑, 시기, 질투 같은 감정은 여전하고 삶에 필요한 지혜는 지금도 유용하다.

'내가 만약 외로울 때면'하고 시작하는 노래는 마음을 확 흔들어 놓는다. 외로운 사람에게 '너 외롭지?' '내가 위로해 줄게' '너 서럽지?' '내가 눈물이 되고 너의 등불이 되어줄게'하고 토닥거린다. 허전하고 쓸쓸할 때 옆에 있고, 친구가 되고, 노래가 되고, 기쁨이 된다는 말에 감동받지 않을 사람이 있을까.

어두운 밤, 험한 길을 걸을 때 등불이 필요하고 삶의 길에는 동행이 필요하다. 자기 짐을 지고 가는 인생길에서 저 언덕을 넘으면 친구가 마중 나오고 다음 언덕까지 같이 가준다면 지쳐도 계속 걸어갈 힘이 생긴다. 아무 말을 하지 않고 곁에 있기만 해도 괜찮고, 같이 울어주고, 아무 때나 찾아가도 언제든 반겨 주는 친구는 인생의 든든한 우군이다.

속이 무른 사람도
남 앞에서 강한 척 한다

무슨 일이든 혼자 처리하고 남의 의견 듣지 않는 사람을 독불장군이라고 한다. 겉보기에 씩씩하고 외로움은 전혀 느끼지 않을 것 같지만 껍질이 단단하다고 속까지 강하지 않다.

겉이 딱딱한 조개도 속살은 말랑하다. 사람은 살 속에 뼈가 있고 조개는 밖에 껍데기가 있는 차이다.

겉만 보면 속을 모른다. 속이 무른 사람도 남 앞에서 강한 척 한다. 사람의 에너지는 한계가 있어 외부 껍질 만드느라 힘을 쓰면 내부로 돌릴 여력이 줄어든다. 그만큼 내부가 약해져 감성을 톡 건드리면 쉽게 깨진다. 절대 흔들리지 않을 것처럼 보이는 사람이 '힘들지?' 한마디에 눈물을 보인다.

세상을 평안하게만 살아가기란 결코 쉽지 않다. 앞날은 불안하고 하루는 버겁다. 파김치가 될 정도로 지친 날에는 의욕도 바닥난다. 누가 만나자고 해도, 밥 사준다고 해도 귀찮다.

그냥 쉬고 싶고 아무데나 드러눕고 싶다. 그럴 때는 다 필요 없다. 조용히 옆에서 '힘들지? 그래도 내가 있잖아.' '나는 네 편이야.' 위로하는 사람이 고맙다.

위로는 따뜻하다. 그러나 양날의 칼이다. 위로는 지금 또는 지나간 일에 대한 격려다. '지금까지 잘했다' '힘들지만 잘 버텨왔다'라는 의미인데 자칫 '이 정도면 됐다'는 신호일 수 있고 고생했으니 '이젠 쉬어도 된다'고 받아들일 수 있다. 위로는 빵빵한 풍선을 바늘로 찌르는 행위가 될 수 있다. 세상과 힘들게 맞서고 있는데 자칫 무너지는 계기가 되지 않게 조심해야 한다.

위로는 받는 것이다. 말없이 옆에 있어 줘도 좋고, 눈을 마주치고 고개를 끄덕이고, 말을 들어주고 손을 꼬옥 잡아줘도 위로가 된다. 꼭 말의 형태가 아니어도 괜찮다. 형식에 상관없이 상대가 느끼고 받으면 위로다. 진심이라면 전달된다.

위로가 소극적인 응원이라면 격려는 적극적인 응원이다. 힘을 내고 조금만 더 해보자는 격려는 위로보다 더 큰 자극이 된다. 진심을 담아 상대가 처한 상황을 잘 파악한 상태에서 하는 응원은 힘이 된다. 하지만 형식적인 '힘내'는 뒤에서 욕을 먹는다.

때론 채찍이 더 의미가 크다. 매정해 보여도 필요할 때가 있다. 이번 고비만 넘기면 승산이 있거나 제 능력을 다 끌어내지 못할 때 충격요법으로 해볼 만하다. 잘못하면 오해를 부를 수 있으니 평소에 교감이 잘 된 상태에서 조심스럽게 시도하는 것이 좋다. 진정으로 상대를 위하고 잘 알고 응원할 때 가능하다.

갑자기 의욕이 사라지고 맥이 풀리는 날이 있다. 먹기도 숨쉬기도 귀찮다. 멍하고 온몸에 힘이 들어가지 않는다. 세상과 단절된 느낌이 들기도 한다. 짧은 기간이면 피곤했구나 하면 되는데 오래가면 '번 아웃 증후군'을 의심해 봐야 한다.

힘들 때 아플 때 티를 내야
아끼다간 한방에 무너져

미국 정신분석의사 H. 프뤼덴버그가 붙인 용어로 다 불타서 없어진다(burn out)는 뜻으로 일에 몰두하던 사람이 극도의 신체적, 정신적 피로로 무기력증, 자기혐오 등에 빠지고 하던 일에 대해 회의를 느껴 더이상 일을 할 수 없게 되는 현상이다. 연료를 모두 써버린 것처럼 무기력해져 업무에 적응하지 못한다.

적극적인 성격이거나 지나치게 책임감이 강한 사람에게 주로 발현되는데 생각만큼 일이 안될 때, 심신에 피로가 쌓였을 때 나타난다. 증상은 쇠약해진 느낌에 기력이 없고 쉽게 짜증이나 화를 내며 감기, 요통, 두통 등이 함께 온다.

감정도 바닥나 표현하기도 귀찮다.

이럴 땐 혼자 끙끙대기보다 주변 사람이나 배우자에게 도움을 받는 게 좋다. 상담만 제대로 해도 효과를 본다. 업무는 가능하면 일과 중에 마치고 퇴근 후 쉬거나 운동, 취미생활을 하면 좋다.

내가 없으면 업무에 차질 있을까 걱정되면 과감히 떠나 보라. 내가 없어도 조직은 잘 돌아가고 허무할 정도로 내 빈자리는 보이지 않는다. 서글프지만 지나친 책임감은 자기만족이다.

*

　　미국 영화 〈터미네이터〉 1편 첫 장면, 미래에서 온 아놀드 슈왈제네거가 'I need your clothes boots and motorcycle'이라고 말한다. 터미네이터가 신발과 오토바이를 달라고 강력하게 요구하자 상대는 '미친 놈'하며 손을 봐주려 하지만 속수무책으로 다 뺏긴다.

　　가끔 강하게 표현해야 한다. 위로가 필요하면 위로를, 도움이 필요하면 도움을 요구하자. 표현하지 않으면 가족도 내가 힘든 걸 모르고 친구나 동료들은 더더욱 모른다.

　　힘들 때 힘들다고 티를 내고, 아프면 아프다고 해야지 '쉽게' '위로해 줘' '힘들어'를 너무 아끼다간 한방에 무너진다.

제4장

외로워도
괜찮아

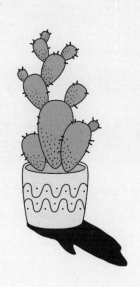

공허감이 밀려오는 밤

의과대학을 졸업하고 전문의가 되는 데 인턴, 레지던트는 필수 과정이다. 인턴 생활은 무척 힘들다. 내가 수련 받을 당시 24시간 근무에 매일 당직은 기본이고 퇴근과 외출, 외박은 어쩌다 받는 특혜였다. 집을 떠나 낯선 숙소에서 살며 힘들게 일하면 참 서러웠다.

밥 먹을 시간도 부족하고 잠도 제대로 자지 못하는 생활이지만 그래도 위안을 주는 공간이 있었다. 내가 인턴을 한 서울적십자병원에 여러 동아리가 있었는데, 그중 그림 동아리에 가입했다. 그림 그리고 싶은 꿈이 항상 있어 소개를 받자 망설이지 않았다.

호출이 오면 즉각 진료하러 달려가야 하니까 유화를 택했다. 수채화는 그리다가 멈춘 뒤 다시 그리려면 원래 의도대로 색이 나오지 않는다. 유화는 이따금 쉬었다가 그려도 되고, 수정도 가능하고, 아예 구상을 바꿔도 된다.

동아리 방은 병원 뒤 건물에 따로 있었는데, 밤에 드나드는 사람이 없었다. 24시간 대기라 그림은 일과를 마친 뒤 밤에 그렸고 한 작품을 완성하려면 한 달 이상 걸렸다. 그림을 그릴 때는 시간 가는 줄 몰랐다. 밤샘적도 여러 번이다. 아무도 없는 방에서 그림에 몰두하다 보면 새벽이 오고 잠을 한두 시간만 잤어도, 심신은 말짱했다. 저녁부터 아침까지 길게는 열두 시간 이상 혼자 있어도 외롭거나 무섭지 않았다.

동아리 방에는 누군가 그리다 자리를 비운 그림이 항상 있었다. 오고 가는 시간이 달라 서로 거의 마주치지 않았지만 볼 때마다 색이 덧씌워져다 그린 그림은 치우고 새 캔버스가 이젤에 올라가 있었다. 그렇게 그림이 한 점, 두 점 늘었다. 미완성 포함 열 점 남짓 그림을 완성하니 1년이 지났고 레지던트 시험에 떨어져 병원을 나올 때 정들었던 동아리방을 떠나는 게 제일 아쉬웠다.

*

감정은 본능적으로 타고나는 1차적 감정, 학습과 경험으로 배우는 2차적 감정이 있다. 1차적 감정은 어떤 사건에 대한 가장 기본적인 감정으로 분노, 시기, 기쁨, 슬픔, 수치심, 질투, 두려움, 사랑 등을 말한다. 2차적 감정은 1차적 감정을 통해 느낀다.

감정은 색깔이 있다. 기쁨과 슬픔은 확실하게 대비된다. 기쁨과 사랑은 밝은 색깔이고 불안이나 우울은 어두운 색깔이다. 두려움이나 분노는 성격이 확실하다. 하지만 외로움은 성격이 불분명하고 상황을 이것저것 살피다 보니 방향도 어디로 튈지 모른다.

마음이 공허하면 몸도 허전하다

외로우면 감정이 민감해진다. 이유 없이 짜증나고 화나고 불안정하다. 통제력이 사라져 변덕도 심해지고 속으로 가라앉아 외부 변화에 둔감하게 된다. 의기소침하고 소극적으로 변한다. 말수도 줄고 표정도 어두워져 오래가면 주위에서 눈치를 챈다.

외로움과 동반되는 감정은 다양하다. 어찌 보면 다양한 감정의 출발점이다. 주로 우울, 슬픔, 불안, 처량함, 서러움, 쓸쓸함 등이 함께 온다. 이 중 가장 밀접한 감정은 우울이다. 종종 둘은 하나의 감정으로 묶인다.

외로움 연구의 대가 존 카치오포 박사에 따르면 외로움과 우울증은 전혀 다른 감정으로, 외로움은 자신의 대인관계에서 갖는 느낌을 반영하고, 우울증은 자신의 느낌 그 자체만 반영하는데, 둘 다 피하고 싶은 감정이지만 정반대의 면이 있다고 한다. 외로움은 위험한 상황을 바꾸라는 경고 메시지로 우리를 분발하게 만들지만, 이에 반해 우울증은 자신을 냉담하게 대하거나 무감각하게 만들고 의욕을 꺾는다.

외로울 때 나타나는 감정과 행동에 정해진 틀은 없다. 사람과 상황마다 모두 다르게 나타난다. 누구나 안으로 감정과 싸우면 에너지 소모도 많고 벗어나려 노력을 하면 피곤하다. 밖으로 활발한 척 해봐도 얼마 남지 않은 에너지가 곧 바닥난다. 귀착점은 침울함과 둔감이다.

우두커니 혼자 있다 보면 자기가 처량하고 불쌍하다. 내 인생에서 소외되고 사람들에게 버림받았다는 느낌에 서러워서 눈물이 난다. 지금껏 잘 해왔던 일이 무의미하고 그동안 일군 삶이 무가치하게 느껴진다. 마음 한편이 허망하게 꺼진다. 지구 상에서 내가 사라져 우주의 먼지가 된 것 같은 공허감에 빠진다.

마음이 공허하면 몸도 허전하다. 빈속을 정신없이 과식으로 달래기도 하지만 반대로 입맛이 사라질 수도 있다. 먹어도 맛을 모른다. 몸은 배가 부르면 더이상 먹지 않는다. 맛있는 음식을 눈앞에 두고도 식욕이 떨어지는데 섭취량의 한계가 있고 혈당이 오르면 뇌에서 그만 먹으라는 신호를 보낸다.

하지만 마음은 한계가 없다. 마음이 고프면 책 읽고, 수다 떨고, 영화 보고, 여행 가고 이것저것 닥치는 대로 채운다. 허기가 가라앉으면 다행인데 깨진 항아리처럼 채우고 채워도 밖으로 샌다. 마음의 허기는 덜 채워서 오는 게 아니고 밖으로 새나가기에 온다. 틈새를 막지 않으면 아무리 채워도 차지 않는다.

마음은 빈 곳을 싫어해 잠시만 긴장을 풀면 항상 틈새를 노리며 숨어 있던 감정이 밀고 올라온다. 자아가 약해지거나 느슨한 상태가 되면 평상시에 눌러 놓은 무의식 속의 억제된 감정들이 표면으로 드러난다.

자아의 경계심이 풀리는 대표적인 상태는 꿈이다. 무의식적인 투쟁의 결과로 나오는 꿈은 기괴하고 뒤끝이 좋지 않다. 몽롱한 상태도 경계가 느슨한 시간이다. 몸이 피곤하거나 잠이 덜 깼거나 비몽사몽 중 정신을 차리고 보면 갑자기 우울하거나, 외롭거나, 허탈하거나, 공허한 느낌에 사로잡혀 있고 연신 머리를 흔들어도 이미 마음은 상당 부분 감정의 변화에 젖는다.

*

인적이 끊기고 도시가 잠들면 외로움이 기승을 부린다. 낮 동안 소음과 인파로 왁자했던 거리에 비가 내리면 외로움이 어둠과 빗소리를 타고 퍼진다. 아스팔트에 부딪히는 빗방울에서 외로움이 묻어난다.

빗물이 창을 타고 흘러내리듯 외로움이 마음을 타고 내린다. 외로움은 도시를 적신다. 밤도 외롭고 꿈도 외롭다.

＋ 플러스

단지 그때 만 힘들 뿐이다.
이 또한 지나간다.

외로움은 반대말이 없다

수십 년이 지났지만 초등학교 입학 때 기억이 얼핏얼핏 떠오른다. 선생님이 '참새'하면 우리들은 '쨱쨱', '오리 꽉꽉'하면서 줄지어 걸었다. 대비가 선명한 이미지는 오래 각인된다. 학문도 대비, 유사, 반대, 범주 등의 분류를 많이 활용하는데 분류는 비슷한 것과 반대되는 것을 묶어 정리하는 것이다. 스웨덴 박물학자 린네는 식물을 분류해서 새로운 학문을 만들었다. 생물학은 대표적인 분류학이다. 비슷한 것을 묶고 나누는 행위는 사람의 오랜 습성이다.

*

눈에 보이는 세상의 친숙한 존재들은 대부분 짝이 있다. 남자와 여자가 만나 쌍을 이루듯 짝을 짓는 행동은 사람의 본성인 듯하다.

흔히 해와 달이라고 묶어서 말한다. 태양계의 주인인 태양과 행성의 위성인 손자뻘 달을 함께 묶어 '해와 달'이라고 표현하지만 해와 달은 절대 짝이 될 수 없다. 낮과 밤도 사람의 편의에 따른 정의다. 자전하므로 해가 보이면 낮, 보이지 않으면 밤이다. 낮의 주인은 해, 밤의 주인은 달이라 칭하지만 달이 지구와 가까워 밤에는 상대적으로 밝게 보일뿐 낮이나 밤이나 주인은 해다.

별은 '스스로 빛을 내는 천체'로 정의하며 태양계에 별은 오직 하나다. 태양계의 모든 행성과 위성은 태양의 부속물이다. 다른 행성은 태양에게 존재 자체가 의미 없다. 태양계 안에 해와 짝이 되는 천체는 없다.

자연은 짝이 있다. 지구에 북극과 남극, 육지와 바다가 있다. 산과 들이 있고 방향도 동서남북이 있다. 밤과 낮, 하늘과 땅, 비와 구름은 붙어 다니고 추위와 더위, 빛과 그림자, 물과 불도 짝이다. 사람도 남자와 여자, 어른과 아이인 남녀노소가 있다. 동식물도 암수 쌍이 있다. 대비되는 사물은 너무 많다.

세상도 짝을 이루는 말이 있다. 부자와 빈자, 삶과 죽음은 대척점에 있지만 한 단어처럼 쓰인다. 도시도 지상과 지하, 상수도와 하수도는 한 쌍이다. 상행선과 하행선 중 하나만 있으면 오거나 갈 수밖에 없는 일방통행이다. 개점시간이 있으면 폐점시간이 있고 돈도 입금과 출금이 반대말이다.

눈에 보이는 사물뿐 아니라 보이지 않는 상황이나 단어도 반대가 있다. 위아래, 앞뒤, 미래와 과거는 함께 묶인다. 나아갈 때와 물러설 때, 열 때와 닫을 때, 앉을 때와 설 때 등 사람의 행동도 짝이 있다.

시인은 사람들 사이 섬이 있다며
그 섬에 가고 싶다고 했다

성경 전도서에서 선지자는 말한다.

'태어날 때가 있고 죽을 때가 있으며, 심을 때가 있고 심은 것을 뽑을 때가 있다. 죽일 때가 있고 치료할 때가 있으며, 허물 때가 있고 세울 때가 있다. 울 때가 있고 웃을 때가 있으며, 통곡할 때가 있고 춤출 때가 있다.'

사람이 만든 가치와 언어도 대부분 반대말이 있다. 의리와 배신, 선악, 죄와 벌, 호황과 불황 등 다 꼽기가 어렵다. 몸도 교감신경계와 부교감신경계가 상호보완 작용을 한다. 남자와 여자가 가정을 이루면 아버지와 어머니가 된다. 아버지는 엄한 속성을 어머니는 부드러운 속성을 대변한다. 인체도 섭취와 배설이 균형을 이룬다. 세상도 더할 때와 뺄 때를 서로 견제하며 굴러간다.

감정도 반대되는 짝이 있다. 기쁨과 슬픔, 행복과 불행, 평안과 불안이 있다. 반대의 감정이 있기에 중심을 잡는다. 바닥 모를 절망감도 희망이 싹튼다. 아침이 오면 밤이 오고, 봄이 오면 가을이 오듯 조화와 균형은 자연의 법칙이다.

사소한 사물이나 감정에는 이렇다 할 이름이 없고 반대말도 없다. 없어도 지장이 없다는 뜻일 게다. 하지만 외로움은 사소한 감정이 아니다.

고독, 홀로서기처럼 비슷한 말은 있어도 반대말 찾기는 참 난감하다. 외로움 자체가 혼자라는 뜻을 전제하기 때문일까.

반대말이 있다면 둘이 짝이란 뜻이다. 짝이 있으면 이미 외롭지 않다. 그래서 외로움은 그냥 혼자다. 혼자 서고, 보내고, 극복하고, 적응하는 감정이다. '혼자는 외로워 둘이랍니다'라는 말처럼 혼자가 모여서 둘이 되고 외로움도 모이면 둘이 된다. 둘이 되면 덜 외로울 수 있지만 외로움은 둘이 되면 더 외롭다.

외로움과 어울리는 단어는 정해져있다. 밤과 외로움, 비와 외로움, 고요와 외로움처럼 어둡고, 쓸쓸하고, 조용한 분위기와 친숙하다. 해와 외로움, 따뜻함과 외로움, 축제와 외로움처럼 밝은 분위기와 묶이면 어색하다.

외로움과 가장 들어맞는 이미지는 섬이다. 끝없는 바다 한가운데 파도를 맞고 있는 땅 조각. 사방을 둘러봐도 물뿐이고 보이는 끝은 수평선인 바다에 둘러싸인 공간. 세상과 격리되고 이따금 새만 날아오는 적막함. 외로움을 지나 고독과 딱 어울린다.

시인은 사람들 사이에 섬이 있다며 그 섬에 가고 싶다고 했다. 섬은 바다로 격리된 곳이다. 사람도 섬이다. 섬은 바다라는 공간에 떨어져 있지만 사람은 세상이라는 공간에 격리되어 있다. 아무리 친하고 가까워도 결국 격리된 외로운 존재가 사람이다.

*

사랑은 반대말이 있을까? 사랑과 이별일까? 사랑하다 헤어지면 미움이 올라온다. 복수를 꿈꾸고 저주를 한다. 그럼 사랑의 반대는 복수나 저주일까? 사랑이 떠나가면 외롭고 슬프고 우울하다. 그러니까 외로움, 슬픔일까?

사랑의 반대말은 안사랑이 제일 어울리는 것 같다. 사랑하는 마음을 접고 무심하게 대할 것. 사랑이 끝난 뒤 상대방을 보면 미움이 크고, 나를 보면 슬픔과 외로움 빈자리가 크다. 사랑이 끝나면 상대방도 나도 아닌 다른 곳을 봐야한다.

플러스

이별은 눈에 보이지 않아도 이별이지만 마음에서 사라져야 진정한 이별이다. 가버린 사람을 가슴에 품고 있으면 그다지 슬프지 않다. 하지만 가슴에서 지워지면 그때 슬프다. 지워서 감정도 무디고 기억도 모습도 흐릿하면 그때 부재를 강하게 느낀다.

경험의 크기 인생의 크기

나는 자라면서 잔병치레를 자주 했다. 지금은 겉보기에 남부럽지 않게 육중하지만 속은 부실하고 여기저기 골골하다. 그래도 난치병을 앓거나 큰 상처는 없어 늘 감사하다. 숱한 아픈 기억 중 최악은 편도선염에 대한 경험이다.

초등학교 1학년 때, 물을 마셔도 토할 정도로 목이 자주 부었다. 먹질 못해 아버지가 밥을 끓여 밥물만 숟갈로 먹여주곤 했다. 너무 심하게 고생을 하니까 인근 도시 이비인후과로 가서 수술을 했다.

수술 날 의자에 앉히더니 남자 어른 둘이 팔 하나씩을 팔걸이에 붙들어 맸다. 입을 크게 벌려 입안에 마취주사를 놓고 수술하는데 피를 토하고, 삼키고, 수없이 반복한 뒤 기진맥진한 채 수술이 끝났다.

수술하고 며칠 뒤 밤에 구토를 했다. 지금은 보기 힘든 요강을 잡고 토하자 검붉은 핏덩이가 계속 나왔다. 빨간 피면 급성출혈이고 검붉으면 오래된 피다. 며칠간 계속 출혈이 있었다는 신호다. 거의 피로 요강을 채울 정도였다.

밤새 어머니가 지켜보다가 아침이 되자마자 지역에 하나뿐인 병원으로 부리나케 데리고 갔다. 의사는 목을 보더니 출혈 부위가 있다며 지졌다. 피를 너무 흘려 지체됐으면 죽었을 거라고 했다. 진짜 과다출혈 상태였다.

하루 이틀 늦었더라면 지금 이 세상에 없을지도 모른다.

열 살 안 된 나이지만 그때 밤은 참 길었다. 검붉은 피와 하얀 눈이 내리던 겨울을 잊지 못한다. 분명 옆에 부모님이 밤새 간호하며 걱정하고, 형제가 지켜봤을 텐데, 왜 나 혼자 토하고 피를 본 기억만 있을까. 객혈이 심한 극한 상황에서 주위는 다 흐릿해지고 내게만 초점이 맞춰진 게 아닌가 생각된다.

*

내가 초등학생 때 방학숙제로 일기쓰기가 있었다. 숙제 중 가장 싫었다. 처음에는 그날그날 일을 꽤 꼼꼼하게 적고 감상도 썼다. 그러다가 며칠 지나면 내용이 줄어든다. 뒤로 가면 일기가 날마다 '날씨 맑음, 몇 시에 일어나서 아침 먹고, 점심 먹고, 저녁 먹고 잤다'로 거의 비슷했다. 아예 '아침에 일어나서 세끼 먹고 잤다'라고 썼을 정도였다.

링컨 미국 대통령, 40세 넘으면 "자기 얼굴에 책임을 져야 해"

학교 졸업하면 일기를 안 써도 될 줄 알았는데 대학을 마치니 일지를 열심히 써야만 했다. 병원에서 환자 치료할 때 진료일지를 쓴다. 처음 입원한 날부터 필요한 모든 검사와 결과, 환자 상태에 대해 빽빽하게 기록을 한다. 상태가 매 순간 변하니까 검사와 처치도 맞춰서 달라진다. 기록지만 봐도 긴박한 상황이 보인다. 응급상황이 지나고 환자가 안정되면 기록지가 단순하게 바뀐다. 'repeat'나 'ditto'가 많이 나타난다. 같은 약, 같은 처치를 그대로 반복하라는 뜻이다.

처음에는 하루치 기록이 몇 장 넘지만 나중에는 한 장에 한 달 기록이 모두 들어간다. 장기 입원환자는 몇 장을 넘겨도 같다. 처치와 투약 기록이 단순할수록 환자가 치유되었다는 뜻인데 회복기라면 환자에게 다행이지만 배우는 학생은 심심하다.

인생기록지도 단순하면 지루하다. 경험과 생각이 빈약하면 따분하다. 나이 들어 인생기록이 두툼해도 매일 비슷한 반복이면 읽을거리가 없다. 평탄한 삶이 행복하다는 말은 큰 사건 사고가 없이 산다는 뜻이지 생각 없이 사는 것을 의미하는 것은 아니다. 인생을 고민하지 않고 살면 되돌이표요, 계속 '위와 같음' 문장부호다.

살아온 날과 비례해서 철이 들고 지혜가 생기지 않는 것 같다. '나이를 먹는다, 나이가 들다'고 하면 시간이 흘러 늙는다는 비슷한 뜻이지만 차이가 있다고 생각한다.

나이를 먹는다는 말은 생물학적인 나이의 숫자가 바뀐다는 뜻이 강하고, 나이가 든다는 말은 '철이 들다'처럼 나이와 함께 삶의 연륜이 쌓이고 생각이 깊고 신중해진다는 뜻이 포함된다.

나이만 먹고 늙으면 그냥 노인이지만, 다양한 경험과 사색을 하면서 인생을 치열하게 살면 현인이 될 수 있다. 노인이 죽으면 책 한 권이 사라져 안타깝다고 하는데 고민 없이 살다가 죽으면 그의 책은 가볍고 얇다. 가족 빼고는 누구도 아쉬워하지 않는다.

링컨 미국대통령은 40세가 넘으면 자기 얼굴에 책임을 져야 한다고 했다. 요새는 성형수술과 피부관리, 외모코치법이 발달해 겉모습만 봐서 나이 구별이 잘 안 된다. 그래도 어느 정도 나이가 되면 겉모습을 보고 살아온 인생을 엿볼 수 있고 몇 마디 대화를 나누면 삶의 깊이가 드러난다.

화려한 치장을 하지 않아도 엄청난 재력가라면 마주할 때 긴장된다. 배우나 정치인, 회장님 등 뉴스에서 접하는 유명인사가 눈앞에 있다면 당황해서 말도 안 나올 것이다. 평소 흠모하던 스타를 마주하면 눈물도 흘린다. 조그만 여배우 앞에서 덩치가 두세 배 됨직한 남자들이 쩔쩔 맨다.

외모만 봐도 기가 꺾이는 강호동이나 마동석 배우 같은 사람이 있는 반면 몸집이 작고 유순해 보여도 눈을 보면 긴장이 되고 정신 바짝 드는 사람도 있다. 지적 수준이 높은 사람이나 삐쩍 말랐어도 격투기나 무술의 고수는 눈빛만으로 제압한다. 생각이 깊고 풍부한 경험에 주관마저 뚜렷한 사람은 무게감도 있어 대하기 조심스럽다. 근육질이거나 무섭게 생기지도 않았는데 범접하기 힘들다.

직간접 경험 많이 쌓고
생각 많이 해야 인생 넓어져

사람의 가치는 외모, 사회적인 신분, 경험, 업적 등의 총합이다. 사회적 위치와 전문지식은 인생의 결과물이다. 병원에서 대부분 사람들은 의사 앞에서 공손해진다. 의사 개인이 아닌 가운 입은 전문가를 존중하는 행동이다. 밖에서 보기에는 별 볼일 없어도 진료실에서 가운을 입고 있으면 다시 보인다.

인생의 크기는 경험과 생각에 비례한다. 학업, 여행, 직업 등 살면서 경험이 다양하면 삶이 지루하지 않고 이야기가 많다. 몸으로 경험하고 머리로 생각하면서 인생이 확장된다. 생각은 경험을 해석하고 반성하며 커진다. 경험이 많아도 생각이 작으면 경험을 다 담지 못하고, 경험이 없이 생각만 크면 현실감이 없고 허접하다.

직접이든 간접이든 경험을 많이 쌓고 생각을 많이 해야 인생이 단단하게 커진다. 죽고 싶을 생각이 들 만큼 힘든 일도 부딪치지만 대부분 시간이 지나면 해결된다. 다음에 비슷한 일을 만나도 무난하게 넘길 수 있다. 큰일을 겪으면 성숙해지는 이유다.

쇳덩어리를 두드려 그릇을 만들 때 많이 때릴수록 그릇이 커지듯이 인생도 많이 겪고 깨질수록 그릇이 커진다.

*

아픈 시간을 지날 때마다 껍질이 하나씩 벗겨진다. 탈각을 거듭해야 살아난다. 껍질 하나하나가 방어막이고 세상의 공격을 막아주는 진지다. 힘이 부칠 때 진지가 없으면 바로 패배다. 몇 번이고 아픈 시간을 딛고 후퇴해도 때를 기다릴 수 있는 진지가 많을수록 생존확률이 높아진다.

+ 플러스 ─────────────────────────────

인생은 시간이 정해진 게임이다. 인생의 타이머는 지금도 쉬지 않고 흐른다. 나의 시간은 얼마나 남았을까? 전에는 하루가 길었는데 언제부터 시간이 날아간다. 1월인데 벌써 8월이고 봄이 오자마자 가을이다. 세월은 나이 곱하기 두 배 속도라고 한다. 어느새 과속딱지를 뗄 때가 된다. 이걸 언제 다 써? 할 만큼 쌓였던 시간은 이젠 아끼고 싶어도 손가락 사이로 흘러내린다.

사람은 혼자 있을 때 자란다

프랑스 파스칼은 명상록 《팡세》에서 사람은 자연에서 가장 약한 한 줄기의 갈대에 지나지 않는다고 했다. 손도 발도 머리도 없는 사람을 얼마든지 상상할 수 있지만 생각하지 않는 사람은 돌 아니면 짐승일 것이니 상상할 수 없으며, 사람이란 분명히 생각하기 위하여 만들어진 존재고, 생각은 사람의 존엄성 전부며, 가치의 전부고, 의무는 올바르게 생각하는 데 있다고 했다.

파스칼의 말처럼 생각하는 능력은 사람의 가장 큰 축복이다. 하지만 생각을 하니까 감정을 느끼고 고민한다. 생각하는 능력이 없다면 고민도 없고 삶이 아주 단순할 것이다. 배부른 돼지가 될지, 고민하는 갈대가 될지는 각자의 선택이다.

*

청소년기는 대부분 냉소적이다. 자기 위주로 생각하고 타인을 무시한다. 내가 제일 잘나고, 멋있고, 고난을 받는다고 생각한다. 한마디로 제 멋에 산다.

나는 자라면서 무척 까칠한 아이였다. 겉멋만 잔뜩 들어 말꼬리 잡고 고집을 굽히지 않았다. 그런 나와 10대부터 20대까지 청춘의 황금기를 가깝게 지낸 친구가 있다. 가족 말고는 나를 제일 잘 안다고 생각한다. 키 크고 잘생기고 매력도 있어 항상 여자들에게 인기가 많았다. 군에서 제대한 뒤 길지 않은 백수시절, 모르는 사람과 술자리를 같이 할 기회가 있었는데 집으로 오는 길에 친구가 '너 정말 많이 변했다'고 했다.

내가 어떻게 했길래 조금도 아니고 많이 변했을까 물어보니 상대방 말을 집중해 경청하고 공감하는 모습을 보며 다시 봤다고 했다. 내가 그동안 아집과 교만이 넘쳐 반성도 되고 한편으로 칭찬에 으쓱했다.

철이 든다는 성숙은 자신의 한계를 알아가는 과정이다. 내 생각에 가장 빠른 길은 깨지는 거다.

지금까지 잘난 척하던 내가 아무것도 아니라는 현실을 깨우치는 것이 지름길이다. 집에서 제일 똑똑하고, 마음만 먹으면 뭐든지 잘 할 수 있다는 자신감과 최선을 다 하지 않아도 중간은 간다는 교만을 깨야 한다.

처참하게 깨질수록 철이 빨리 든다.

사회에 나가 첫 직장인 인턴 수련을 받은 병원에서 난 엘리트가 아닌 떨떨한 초보 의사 중 하나였다. 오해 때문에 혼나고 몰라서 실수도 했다. 레지던트 시험에 떨어지고 나중에 보니 인턴 성적도 바닥이었다. 현실은 결코 만만하지 않았다.

성숙하고 영그는데 멈추고 기다리는 시간 필요

군대도 내 자만심을 깨뜨리기에 충분했다.

군의관이라도 중위는 초급 장교다. 존중해 주는 상관도 많지만 막 대하는 사람도 있다. 난생 처음 모른 사람에게 '야' '너' 소리를 들으면 기분이 좋지 않다. 하지만 반말을 듣고 계급에 맞는 대우를 받으며 사회를 배워 갔다.

제대 후 연이은 시험 실패는 나의 한계와 위치를 제대로 알기에 충분했다. 잠을 줄여 준비한 시험에서 떨어지자 자존감은 급속도로 떨어졌다. 하지만 지나고 보니 새로운 경험이었고, 겸손을 알려주고, 다른 시각으로 세상을 보고, 천천히 가라는 성숙한 삶을 향한 진입 허가증이었다.

아프고, 깨지고, 떨어지면, 아무 생각이 나지 않고 사람들 보기가 창피하다. 자만심이 부서지면서 현실의 벽을 알게 된다. 그러나 포기하지 않는다면 자신의 현재 위치를 확인하고 자존감과 능력치를 수정해서 다시 출전할 수 있다. 그리고 또 깨지고 정비하고 도전하는 과정을 반복하면서, 자존감도 지키고 능력을 아는 평형 상태가 온다. 이른바 성숙의 길에 들어선다.

멈추고 기다리는 시간은 성숙하고 영그는데 반드시 필요하다. 동식물도 자랄 때 쑥쑥 크지만 무한히 자랄 수 없다. 성장과 성숙은 같이 진행되다가 때가 되면, 성장은 멈추고 성숙은 계속된다. 사람도 성장기에 무섭게 자라다가 성인이 되면 육체는 더이상 자라지 않고 노화가 시작된다. 재산을 아껴서 노후 대비하듯 성장이 끝난 몸을 아끼고, 다듬고, 고치면서 남은 생을 살아가야 한다.

외적인 성장은 수동적이어서 영양분을 공급하고 시간이 지나면 쉽게 눈에 띄고 바로 알아볼 수 있다. 하지만 내적인 성숙은 알아차리기 힘들지만 그래도 행동이나 말투, 분위기를 자세히 유추하면 달라진 점이 보인다. 내부로 성장하면 밀도가 단단해진다.

과일이 익지 않고 크기만 하면 무르고 금방 상한다. 잘 익은 과일은 같은 크기라도 묵직하다. 물에 넣으면 금방 안다. 속이 성성하면 물에 뜨고 꽉 차면 가라앉는다.

정신은 몸보다 느리지만 평생 성장하고 성숙한다. 정신을 담는 그릇인 뇌는 태어날 때 이미 구조가 어른과 비슷해 안에 담긴 정신은 죽을 때까지 자란다. 정신이 성숙하려면 보고 배운 지혜와 지식을 체득하는 시간이 중요하다.

통증이 심한 환자도 낮에 덜 아프다. 낮에는 눈, 귀, 코로 들어오는 자극을 처리하느라 뇌가 바빠 통증 신호가 분산된다. 밤이 되고 외부 자극이 사라지면 자기 몸에 집중하게 된다. 그동안 잊고 있던 통증이 올라오고 수반되는 불안, 고통이 온다. 잠도 오지 않아 괴롭다. 그래서 밤이 되면 통증 환자는 더 힘들다.

조용한 방에 불을 끄고 누우면 몸의 여러 느낌을 알 수 있다. 평소에 의식하지 않았던 근육의 강도, 숨 쉬는 소리, 심장의 박동 같은 몸의 여러 활동을 알아챌 수 있다. 익숙하다고 생각한 자신의 몸과 마음도 막상 살펴보면 새롭다. 눈에 보이는 몸도 낯설고 마음은 더 어색하다.

인격, 자기조절 담당하는 전두엽
여자가 일찍 발달해 빨리 철들어

혼자 있으면 몸도 마음도 차분해진다. 내면을 돌아보며 마음을 가라앉히고 아픈 마음도 정리하면 상처도 회복된다. 혼자 있는 시간에 사람은 내부를 탐색한다. 처음에는 외부와 교류한 기억을 뒤지지만 점차 내 안에 저장된 정보와 자신에 대한 탐구를 시작한다.

내적으로 성숙하려면 자신의 안팎을 고르게 알아야 가능하다. 장점, 강점, 약점, 단점을 파악하고 보완하면서 좋은 점을 키워야 된다. 남이 알려주는 장단점은 외부에서 보이는 면이지만 내부의 장단점은 스스로 파악하며 알아간다.

경험을 정리하고 반성하거나 사색과 독서를 통해 키운 내적 부분이 인생관, 가치관, 인격이다. 개인의 핵심을 이루는 존재의 본질이고 혼자 있을 때 자기와 만나는 영역이다. 정신적인 영역이 약하면 인생은 허전하다. 겉보기에 성공했어도 내부와 외부의 괴리가 넓으면 불안정하다. 내적 성장이 미흡한 외적 성장은 속빈 강정처럼 부실하다. 외적 성장과 비례해서 내적 성장이 균형을 잡아야 인생이 튼튼하다.

내적 성장의 본질은 자의식의 성장이다. 외적 부분은 세상과 부딪치면서 커나가지만 내적 부분은 혼자 있는 시간에 자란다. 독립된 감정과 사고를 단련시키고 독자적인 세계를 만들려면 스스로 고민하고 사색하는 과정은 꼭 거쳐야 하는 관문이다. 혼자 있는 시간을 버틸 수 있는 힘, 바닥으로 떨어져도 참을 수 있는 힘을 기르고, 힘들어도 외로운 시간을 참아내고 이겨내야 세상에 나가서 쉽게 부서지지 않는다.

*

뇌는 3개 층이 있다. 뇌간은 뇌의 가장 깊은 층에 있으며, 생존을 담당하는 영역이다. 파충류의 뇌라고 하며 척추동물은 모두 뇌간이 있다. 본능의 영역으로 먹고, 자고, 도망가고, 화내고, 번식하는 기본 행동을 수행한다.

중간층은 감정을 담당하는 변연계다. 뇌간 위에 있다. 포유류의 뇌라고 한다. 그래서 개와 고양이는 사람과 감정을 교류할 수 있다.

맨 겉 층은 사람의 뇌다. 생각, 이성, 판단을 담당한다. 대뇌인 이 부위가 사람을 사람답게 만든다. 대뇌가 3개 층 중 늦게 발달하고, 이마 부위에 있는 전두엽이 마지막으로 발달한다. 인격, 자기조절 등을 담당하는데 여자가 더 일찍 발달한다. 그래서 여자가 남자보다 빨리 철이 든다. 남자는 20대 중후반 완성되는데, 한국 남자가 군대를 다녀오면 철드는 나이와 얼추 일치한다.

,

너는 생각보다 강하다

'어니스트 섀클턴의 위대한 실패'라
는 부제가 붙은 책 《인듀어런스》는 실제 이야기로 사람의 의지는 한계가
없다는 것을 극적으로 보여준다. 1914년 영국 탐험가 섀클턴은 대원 27명
과 함께 남극대륙 횡단에 도전했다가 얼어붙은 바다에서 난파된다. 배를
버리고 부빙에 올라탄 그들은 상상하기 힘든 역경을 극복하고 불굴의 의
지와 투혼으로 전진하고 또 전진한다.

천신만고 끝 무인도에 오른 뒤 섀클턴은 대원 5명과 함께 구조를 요

청하러 떠난다. 길이 6m에 불과한 구명보트를 타고 세상에서 가장 거칠고 험한 1,280km 항로의 드레이크 해협을 통과한 뒤 도끼 한 자루와 로프에 의존해 3,000m 높이의 얼음산을 넘어 처음 출발했던 사우스 조지아 섬의 기지에 도착한다.

조난당한 지 634일째 되는 날, 칠레 정부가 보낸 군함으로 1명의 희생자도 없이 전 대원이 구조된다.

남극대륙부터 무인도, 사막, 우주까지 결국 살아남고 승리하는 핵심은 의지다.

*

중학교 때 같은 반에 전교 짱이 있었다. 어느 날 쉬는 시간에 평범한 아이와 싸움이 붙었다. 말이 싸움이지 일방적인 공격이었다. 키가 머리 하나보다 더 큰 짱에게 작은 친구는 멱살을 잡혀 거의 떠 있었다. 그래도 작은 친구는 눈을 똑바로 뜨고 노려보며 '난 절대 지지 않았다'고 또박또박 말을 했다. 내 귀에 들릴 정도였다.

짱은 무슨 생각인지 그냥 놔주고 끝냈다. 나중에 비슷한 장면을 미국 영화 〈벤허〉에서 봤다. 마차 경주에서 진 메살라는 아직 경주는 끝나지 않았다고 눈을 부릅뜨고 말하며 죽는다. (리메이크된 영화에서 메살라는 죽지 않는다.)

사실 작은 친구나 메살라는 객관적으로 보면 패했다. 작은 친구는 한 번 지고 말았지만 메살라는 영원히 졌다. 패배를 인정하지 않는다고 진 사실이 바뀔 리 없다.

정당한 패배는 뒷말 없이 인정해야 옳다. 하지만 승부가 아닌 도전에서 패배를 인정하면 그대로 자빠진다. 이번은 연습이라는 자세를 가져야 다시 도전할 수 있다.

인생은 반복이다.

기회는 또 온다. 엉겁결에 이길 때가 있더라도 질 때가 많다. 경쟁이든 도전이든 끝나도 끝난 게 아니고 이겨도 이긴 게 아니다. 졌다고 진 것도 아니다. 그런데 한번 졌다고 두 손 들면 경기는 끝이다.

개인의 인생에서 주인공은 1명뿐이고 나만 고를 수 있다

실패해도 살아가면서 기회를 찾으면 또 만난다. 메살라처럼 치명상을 입는 경우도 있지만 보통은 몇 대 맞는 수준이다. 포기하지 않는 마음, 실패를 인정하지 않는 마음이 세상에서 살아남기에 훨씬 유리하다.

대부분 사람은 자신을 과대평가하거나 과소평가한다. 과대평가는 위험을 자초할 수 있다. '범 무서운 줄 모르는 하룻강아지' 마냥 깝죽대다가는 바로 레드카드다.

자기 능력을 과소평가하면 기회는 날릴 수 있지만 위험에 노출되는 일이 줄어 생존에 유리하다.

자기 능력을 제대로 평가하고 동시에 상대를 정확하게 파악하면 최선이지만 이게 쉬운 일이 아니다. 내 능력을 알더라도 상대를 과대평가하면 내가 기회를 놓치고 반대로 상대를 과소평가하면 내가 위험에 빠질 수 있다.

고정된 대상을 두고도 내 능력을 제대로 비교하기가 쉽지 않다. 등산할 때 산을 무시하고 가벼운 마음으로 산보하듯 올랐다가는 낭패를 본다. 야트막한 산이면 고생하고 말지만 겨울 등산이나 험한 산이면 목숨이 왔다 갔다 한다. 차라리 최악을 대비하고 준비해야 안전하다.

사람 대할 때 허세를 떠는 사람보다 속을 알 수 없을 때 더 조심스럽다. 밑천이 다 드러나면 더이상 무섭지 않다. 도박판에서 살아남으려면 포커페이스가 필수다.

패가 좀 좋다고 금방 흥분하거나 나쁘다고 시무룩하면 한마디로 밥이 된다. 손안의 패에 상관없이 일관된 표정을 유지하면 상대는 답답하고 눈치를 살피느라 판에 집중하지 못한다.

왕이나 권력자들은 자기 앞에서 모두 고개를 숙이게 한다. 똑바로 쳐다보면 자신도 사람이고 약점 있는 게 들통 난다. 그래서 자리를 높이고 발을 쳐서, 자신을 숨기거나 선글라스로 눈을 가린다. 살펴보지 못하면 약점을 찾을 수 없다.

어려움과 마주하면 일단 찬찬히 살펴야 한다. 지레 겁을 먹으면 빠져나가기 힘들다. 어려움은 객관적인 면과 주관적인 면이 있는데 객관적인 어려움은 쉽게 안다. 수치로 비교가 가능하다. 축구라면 피파(FIFA)랭킹이 앞서고 유명선수가 많으면 강팀이고 무술가는 단이 높고 경기횟수가 많으면 강한 선수다.

주관적인 어려움은 평가가 쉽지 않다. 정해진 틀이 없고 실제보다 해석에 따른 반응이다. 대부분 이전에 경험했던 사건과 연관된 경우가 많고 개인의 성격과 관련이 있다. 같은 상황이나 사건도 외향적인 사람과 내향적인 사람, 인생을 긍정적으로 보는 사람과 염세적으로 보는 사람, 꼼꼼한 성격과 덜렁거리는 성격이 다르게 반응한다. 적극적인 사람은 행동으로 문제를 해결하려 하고 소극적인 사람은 문제가 해결되기를 기다리는 경향이 있다.

실전에서 나보다 강한 상대를 만나면 주눅이 든다. 상대의 진정한 실력을 알기도 전에 겉만 봐도 겁이 나는 것은 당연하다. 하지만 다윗은 골리앗의 겉모습만 보고 기죽지 않았다. 약점만 보고 덤볐다. 아무리 덩치가 크고 강해도 약점은 있고 그곳을 공격하면 쓰러진다. 아킬레스의 발뒤꿈치처럼 세상에 약점 없는 상대는 없다.

우리는 모두 숱한 위기를 딛고 여기까지 왔다. 괜한 감정 하나로 인생을 포기하기는 너무 아깝다.

괜한 감정 하나로 인생을 포기하기는 너무 아깝다

어려움이 닥치면 처음에 벗어나려 노력한다. 하지만 달라지지 않으면 점차 포기하고 반복되면 체념한다. 팔자소관이라며 '내 주제에 무슨' 자학을 하거나 '송충이는 솔잎을 먹어야 한다'며 자꾸 스스로 깎아내린다. 세상을 피하다 보면 끝이 없다.

마지막에 더이상 물러설 곳이 없는 벼랑 끝에 몰린다. 뛰어내리든지 반격하든지 선택의 폭은 점점 좁아진다.

화려한 도시는 뒷골목이 있고 환한 불빛 뒤에 그늘이 생기는 게 세상의 이치다. 인생도 주목받는 주인공의 삶과 숨어사는 삶이 있다. 바닥에서 치고 올라가면 기회는 있지만 항복하고 한숨 쉬면 그걸로 끝이다.

빛과 그늘은 자연의 한 부분이지만 인생의 빛과 그늘은 선택의 결과다. 주인공으로 살거나 조연이나 엑스트라가 되는 삶도 내 의지에 달렸다. 사회에서 주인공은 소수 가능하지만 개인의 인생에서 주인공은 1명뿐이고 나만 고를 수 있다. 내가 결정하면 내가 주인공이 된다.

*

돌아보면 지금껏 살아온 삶이 기적이다. 잉태부터 출생까지 만만한 과정은 없다.

미국 소설가 나다니엘 호손 작품 《데이비드 스완》은 여행길에 낮잠 잔 청년 이야기다. 잠든 청년에게 부유한 부부와 아리따운 여인과 강도가 지나간다. 잠든 사이 청년은 부자의 양자로 들어가거나 어여쁜 애인이 생길 기회가 있었고 죽을 수도 있었다. 하지만 잠에서 깬 청년은 아무것도 모른 채 길을 떠난다.

인생은 나도 모르게 숱한 기회와 위험이 지나간다. 기회는 놓쳐도 달라지는 것이 없지만 위험은 한번만 제대로 맞으면 목숨이 위태롭다. 우리는 모두 숱한 위기를 딛고 여기까지 왔다. 괜한 감정 하나로 인생을 포기하기는 너무 아깝다. 우리는 엄청나게 운이 좋다. 또 강하다. 생각보다 훨씬 강하다.

고독의 가치

영국 화가 조지프 말로드 윌리엄 터너 작품 〈폭풍우〉를 보면 마치 눈앞에서 폭풍우가 치는 것처럼 느껴진다. 그는 폭풍우가 몰아치는 바다를 그리고 싶어 승선한 배 선장에게 폭풍우를 만나면 돛대에 자신을 묶고 멎을 때까지 풀어주지 말라고 부탁했다. 항해 중 폭풍우를 만나자 선장은 그를 돛대에 붙들어 맸다.

그는 4시간 동안 홀로 비에 젖고 바람을 맞으면서 폭풍우를 온몸으로 느꼈다. 비바람과 하나 된 체험을 한 뒤 그는 그림에서 폭풍우가 느껴지는 명화를 완성했다.

*

내가 봐도 나는 참 평범하다. 눈에 잘 띄지 않는 흔한 동네 아저씨다. 자식들은 나하고 밖에 나가면 창피하다고 한다. 계절에 맞지 않는 옷에, 신발도 전혀 어울리지 않는다고 얘기한다.

어릴 때부터 사람들 앞에 나서는 걸 지독히 싫어해 리더는 중학교 때 한 부반장이 전부고 가장 높은 직위는 군대에서 억지로 맡은 의무중대장이다. 전투부대 중대장은 부하가 100명이 넘지만 의무중대는 달랑 몇 명이다. 지금도 직함은 원장이지만 직원은 둘뿐이다.

그러고 보면 화려할 것이 없는 삶이다. 주변에 고위직, 큰 부자, 유명인사도 없다. 명망가나 위인은 책, TV, 인터넷, 신문에서만 봤다. 교수, 학장, 병원장은 많이 알지만 모두 권력이나 인기와 거리가 먼 직업이고 사회적인 영향력이나 대중적인 인지도도 낮다. 이름을 말해도 아는 사람이 거의 없다. 철이 들면서 현실과 내 한계를 알며 위인이 되기보다 평범하게 인생을 마무리하기도 어렵다는 사실을 실감한다. 내 몸 건강하고, 큰 사고 없이, 먹고 살기에 부족하지 않는 삶이 정말 위대한 인생이라는 생각도 든다.

살면서 나 하나 행복하기도 쉽지 않다. 행복하려면 있어야 할 것도 많고 버려야 할 것도 많다. 있어야 할 것은 건강, 인간관계, 재산이 기본이고 여기에 적절한 여가, 취미활동, 직업까지 여러 요소가 필요하다. 버려야 할 것은 과욕, 아집, 비교, 화, 오만 등인데 가치를 어디에 두냐에 따라 순위는 바뀐다.

신념은 결과가 좋고
아집은 결과가 나쁘다

러시아 톨스토이 소설 《안나 카레니나》 첫 문장은 '행복한 가정은 모두 비슷해 보이지만 불행한 가정은 저마다 이유가 있다'로 시작한다. 행복도 이유가 있고 불행도 이유가 있다. 행복하기보다 불행하기 쉬운 이유는 행복의 요소는 하나 빠져도 행복이 크게 줄지 않지만 불행의 요소는 하나만 있어도 불행하기 때문이다. 둘 중 불행 쪽이 빠져들기가 훨씬 쉽고 빠르다.

고독과 행복은 같이 할 수 있을까? 조심스럽지만 '가능하다'는 생각이다. 행복의 요소에 인간관계는 꼭 필요하다. 행복한 사람은 대부분 대인관계가 원만하다. 적대적인 관계가 있다면 편하지 않고 행복감을 갉아먹는다.

나를 온전히 인정하고 받아들이는 사람이 적더라도 있으면 행복감은 올라간다. 믿고 의지할 관계가 있을 때 안정감을 얻고 의욕이 생긴다.

고독은 혼자된다는 말이다. 사람 속에서 행복을 느끼는 일반적인 경우와 반대다. 혼자인 상태에서 행복을 느끼려면 자기가 만족해야 한다. 스스로 인정하고 대견해 하는 과정이 필요하다. 해결할 수 있는 도전 과제나 창조 활동이 있어야 행복하며 어려울수록 해결한 뒤 만족감이 크다.

작은 도전을 반복해서 해결하면 만족해 살 수 있다. 인기 TV프로 〈나는 자연인이다〉를 보면 출연자들은 모두 가만히 있지 않는다. 산에 일이 많다면서 이것저것 바쁘지만 실상은 사소하고 한편으로 보면 시간낭비다. 나무를 깎고, 돌을 쌓고, 집을 고치고, 장작을 패며 자신이 이룬 결과물에 흐뭇해한다. 산이 주는 만족감과 건강, 욕심 없는 마음, 규칙적인 운동이 자연인의 행복 요소다.

개인적인 만족뿐 아니라 위대한 결과물을 창조하려면 고독한 시간은 필수다. 고독 속에서 위대한 결과물을 생산한 사람은 많다. 업적은 평범한 방법으로 이뤄지지 않는다. 남과 어울리면 틀을 벗어나기 어렵다. 일부러 다르게 고민해야 새로운 해결책이 나온다.

위대한 사람은 창조적이고 신념이 있는 사람이다. 남과 다르게 접근해야 창조성이 생기고 자기 시각으로 바라봐야 새로운 길이 보인다. 내 길을 갈 때 남의 말에 흔들리지 않는 신념이 필요하다.

신념이 굳은 사람과 꽉 막힌 사람은 종이 한 장 차이인데 신념은 결과가 좋고 아집은 결과가 나쁘다. 주위의 말에 우왕좌왕 따라가면 평범한 삶으로 끝난다.

창조성은 예술분야에서 특히 중요하다. 어린애 장난처럼 쓱쓱 낙서를 한 피카소는 위대한 화가다. 그의 작품 값은 어마어마하다. 남을 따라 하지 않고 새 길을 개척한 천재성의 대가(代價)다.

예술가에게 독창성은 시작이자 끝이다. 남다른 시각, 독보적인 해석, 자기만의 색깔을 가질 때 비로소 인정을 받는다. 그전까지는 습작이다. 남과 다르려면 남의 영향에서 벗어나 혼자 고민해 하나뿐인 세계를 만들어야 가능하다.

교향곡은 서양음악의 대표적인 장르다. 수십 명의 연주자와 수십 개의 악기가 빚어내는 화음은 대단한 감동을 선사한다. 지휘자의 지휘봉에 따라 일사불란하게 곡을 연주하는 악단과 열정적인 지휘를 보는 일도 보너스 즐거움이다. 서양음악 중 가장 연주 규모가 큰 교향곡은 더이상 새로운 시도가 불가능할 정도로 완벽함을 이루었다.

고독한 시간에 자신을 단련
책 읽으면서 생각과 꿈 키워

교향곡은 베토벤이 정점을 찍었다. 그는 교향곡을 9번까지 아홉 곡을 작곡했는데, 그 뒤 후배 작곡가들은 엄두를 낼 수 없는 '9곡 금자탑'을 세운 것이다. 베토벤은 천재성보다 노력으로 성취를 이룬 위대한 작곡가다. 말년에 귀가 들리지 않는 치명적인 약점마저 극복했다.

음악가의 청각은 화가의 시각처럼 예술가의 핵심 능력이다. 그는 순전히 머릿속에서 창작을 했으며 소리가 들리지 않는 세계에서 작곡을 했다. 나중에 아예 청각장애인 상태로 교향곡 9번 '합창'을 만들어냈다. 그는 이 곡의 초연을 지휘했지만 연주를 들을 수 없었다. 공연 후 관객들의 환호성을 듣지 못하고 서 있다가 협연한 성악가 카롤리네 웅거가 신호를 보낸 뒤에야 돌아봤다고 한다.

인류 역사에서 위인으로 인정받는 사람은 그리 많지 않다. 그들은 대부분 성장 과정이나 위기상황에서 고독한 시간을 견뎠다. 고독한 시간에 자신을 단련하고 책 읽으면서 생각과 꿈을 키웠다.

일본 소프트뱅크그룹의 손정의 회장은 젊은 시절 병상에 누워서도 독서하며 꿈을 키웠고, 교보생명 창업주인 신창재 회장도 마찬가지다. 평범한 삶도 가치가 있지만 위대한 꿈을 이루려면 고독한 시간은 반드시 겪어야 하지 않을까 생각한다.

아무리 뛰어난 재주가 있어도 자기 색깔이 없으면 따라쟁이다. 카피

캣(copycat)처럼 처음에는 흉내 낼 수 있어도 일정 수준 넘으면 따라 할 대상이 없다.

도태되지 않으려면 외로워도 혼자 힘으로 개척하고 주변에 같이 할 사람이 없어도 나를 믿고 전진뿐이다. 위대한 사람은 추종자가 많지만 여정은 고독하다.

*

예수님이나 부처님도 세상에 나오기 전 40일간 고독을 견디고 난 뒤 사막과 보리수나무 밑에서 사상을 완성했다. 매미도 세상에 나오기 전 7년간 땅 밑 생활을 보낸다. 알 속의 새도, 고치 속의 나비도 혼자서 시간을 참고 보내야 세상에 나올 수 있다.

플러스

인생의 전반기는 길고 추억이 많다. 슬프지만 인생 후반기에는 이렇다 할 사건이 없다. 그래서 삶은 나이들수록 지루하다.

누구나 아는 만큼만 산다

아무 것도 모르는 자는 아무 것도 사랑하지 못한다.

아무 일도 할 수 없는 자는 아무 것도 이해하지 못한다.

아무 것도 이해하지 못하는 자는 무가치하다.

그러나 이해하는 자는 또한 사랑하고 주목하고 파악한다 …

한 사물에 대한 고유한 지식이 많을수록

사랑은 더욱더 위대하다 …

모든 열매가 딸기와 동시에 익는다고 상상하는 자는
포도에 대해 아무 것도 모른다.

-파라켈수스-

대학생 때 한참동안 미국 사회심리학자 에리히 프롬 저서 《사랑의 기술》을 탐독한 적이 있다. 이성을 유혹하는 테크닉을 배우려고 펼쳤는데 철학책이었다. 원서 제목은 《The Art of Loving》이다. 사랑이라는 이름의 예술인데 출판사의 제목에 낚였다. 아마 흑심을 품은 나처럼 제목에 혹해서 책을 샀다가 한쪽에 던져놓은 사람이 많을 것이다.

그 뒤 《유혹의 기술》 등 연애론에 대한 책을 여러 권 섭렵했지만 실전과 이론은 너무 달랐다. 사랑은 책으로 배울 수 없다. 사랑의 기술은 배우지 못하고 책 표지의 파라켈수스의 말은 지금도 내가 제일 좋아하는 말로 남았다.

*

알면 사랑하고 이해하고 주목한다. 모르면 낯설고 경계심이 생긴다. 삶의 범위와 세상도 내가 아는 만큼이다. 가끔 세상의 주인은 누구일까 생각한다. 내 세상의 주인은 누구일까로 좁혀도 된다.

내 생각에 세상은 실재, 인식, 상상하는 세 부분으로 구성된다. 실재하는 세상도 형상과 이성 두 부분으로 나뉘고 형상부분은 자연과 환경이다. 우주, 지구, 산, 들, 바다, 도시, 집, 가족, 친구 등을 말한다. 내 삶의 영역이자 고향이면서 내가 태어나 자라고 죽는 활동 무대다. 몸이 존재하는 현상학적인 장소로, 보고 만질 수 있는 현실의 모습이다.

이성으로 실재하는 부분은 사회 시스템의 영역인데 각종 제도와 법률, 관습, 도덕, 종교, 가치 등이 있다. 삶에 넓고 깊게 영향을 미치지만 내가 선택할 수 없다.

코가 막히면 음식 맛이 반감
양파와 사과 구별하기 힘들어

내가 태어난 곳과 나를 낳은 부모는 내 의지 밖이다. 자신의 성별에 불만이 있어도 남녀를 골라 출생하지 못한다. 개인이 태어날 때 받은 상황은 복불복이다. 삶은 부모, 태어난 곳, 시간을 기본으로 해서 시작된다.

내 삶에 가장 직접적인 영향을 미치는 요소는 부모와 가족인데 생명을 주신 부모님께 감사하지만 만약 부모를 고를 수 있다면 어떻게 될까? 단연코 '아니오' 말하겠지만 태어나기 전에 선택이 가능하다면 고민하지 않을까.

어쩔 수 없이 자신의 아이를 사는 형편이 괜찮은 집으로 입양 보내는 부모는 찢어지는 마음이지만 아이의 장래를 생각한 최선의 행동이었다고 생각한다.

인식하는 부분은 실재하는 세상을 개인이 보고 느끼고 받아들이는 세상이고 상상하는 부분은 개인의 머릿속에서 만들어 내는 세상이다.

세상에 대한 정의는 시대와 환경, 지식수준, 관심 영역에 따라 달라진다. 그 시대의 세계관, 우주관의 종합이 세상이다. 중세 때는 지구를 반구로 생각했고 수평선 너머는 낭떠러지라고 믿었다. 지구가 우주의 중심이고 태양과 모든 별은 지구를 중심으로 돈다고 믿은 시절도 있다.

어린 아이의 세상은 가정이 전부다. 텃새의 세상은 둥지 주변이고 철새의 세상은 서식지가 무대다. 농경민의 세상은 농토가 전부지만 유목민의 세상은 발 닿는 곳이 모두 자기 세상이다.

개인의 세상은 보고 느끼고 현재 존재하는 이곳에다가 다녀온 지역을 합한 경험과 지식의 크기다. 세상도 인생 과정에 따라 바뀐다. 자랄 때는 집이 학생 때는 학교가 회사원은 직장이 세상의 대부분이 된다. 결국 개인의 세상은 지금 가장 많이 실재하는 공간, 기억, 관심을 가지는 영역의 합이다.

우리는 같은 시대와 조건에서 산다고 해도 모두 동일한 세상에서 살지 않는다. 개성, 능력의 차이는 외모만큼 다양하다. 개인마다 상황을 대하는 방법도 차이가 있다.

크기와 맛이 각각 다른 여러 개 사과를 놓고 골라 먹으라고 하면, 크고 맛있는 순으로 먹는 사람이 있는 반면에 작고 맛없는 순으로 먹는 사람이 있다. 억지 해석이지만 한 사람은 그중 제일 맛있는 사과만 먹었고 다른 사람은 가장 맛없는 사과만 먹었다.

물이 반쯤 담긴 컵을 보고 '반만 남았네' 하는 사람과 '반이나 남았네' 하는 사람이 있듯 세상을 보는 관점이나 해석이 다르다. 그래서 한 사건을 같이 경험해도 나중에 기억은 각기 다르다.

세상을 보는 시각은 몸 상태에 따라 극적으로 변한다. 차를 타고 눈 감고 가면 아름다운 경치도 의미 없이 지나가고 귀를 막으면 음악, 소음도 들리지 않는다.

코가 막히면 음식 맛이 반감해 양파와 사과를 구별하기 힘들다. 몸이 아프면 방금까지 짜릿짜릿하던 연인의 손도 귀찮고 삶의 도전도 시들해진다. 달라진 것은 없는데 마음 하나 바뀌었다고 마치 물구나무서서 볼 때처럼 세상이 180도 뒤집어진다.

내 세상은 내가 태어날 때 시작
내가 없으면 나에게 세상도 없다

객관적인 세상은 수치와 통계로 표현할 수 있어도 개인이 느끼는 세상은 제각각이다. 지구상에 70억 명 인구가 있다면 70억 개의 세상이 있는 셈이다. 개인의 세상은 존재하고 인식하고 영향을 주고받는 시공간에 한정되고, 감각과 사고가 미치는 범위로 국한된다. 폐쇄회로(CC)TV가 탐지하는 범위가 있듯 사람의 인식능력도 한계가 있다. 인터넷이나 TV를 통해 시공간을 초월한 정보를 접해도 실제 의미가 있는 세상은 직접 보고, 듣고, 느끼고, 인식하고 생각하는 그만큼이다.

실재하는 객관적인 세상과 달리 내가 아는 세상은 오직 내 생각의 산물이다. 백 년, 천 년, 십만 년, 백만 년 전에 지구와 인류가 존재했지만 내 세상은 내가 태어난 뒤부터 시작한다. 세상의 모든 행복, 불행, 희로애락도 내가 죽으면 일순간에 사라진다. 나를 둘러싼 모든 관계는 단절되고 취미, 개인사, 재산은 모두 내 손을 떠난다. 내가 남긴 기억, 업적, 기록은 상당기간 세상에 머무르더라도 나를 기억하는 사람이 사라지면 세상에서 나의 흔적은 함께 사라진다.

나도 세상의 일부지만 내가 없어도 세상은 잘 굴러가고 잘 존재한다. 내가 세상을 떠난 뒤에도 세상은 계속된다. 하지만 내가 눈을 감고 귀를 막으면 세상은 사라진다. 잘난 사람은 신문에 부고기사 한줄 실리지만 나의 세상은 사라진다. 아무리 세상이 나를 추모해도 내가 없으면 나에게 세상도 없다.

*

미국 영화 〈매트릭스〉는 장자의 호접몽에서 모티브를 가져왔다고 한다. '내가 나비인가? 나비가 나인가?' 질문처럼 실재한다고 믿은 세상도 결국은 뇌 안의 전기작용에 의한 가상세계였다. 뇌 안의 도시는 아름답지만 빨간 약을 먹고 꿈에서 깨면 실제 세계는 잿빛이고 희망이 없다. 현실이 괴로운 낙오자는 매트릭스로 들어가기를 원한다.

그러나 현실은 영화와 반대다. 내 세상은 잿빛이어도 밖으로 나가면 세상은 아름답고 눈부시게 실재한다.

그래도 너는 누군가의 의미다

충수돌기는 맹장 옆에 꼬리모양으로 돌출된 부위다. 여기에 염증이 생기면 충수돌기염인데 흔히 맹장염으로 더 잘 알려졌다. 배가 아프면 반사적으로 맹장염이 아닐까 한다. 나는 충수돌기염 수술을 보조하다가 딱 한번 충수돌기를 자른 적이 있다. 수술은 집도의가 하고 나는 보조였다. 의사는 모든 의료행위를 할 수 있다. 불법이 아니다.

한때 충수돌기는 쓸모없는 조직이라고 생각했다. 초식동물의 소화

과정에 꼭 필요하지만 사람에게는 염증만 일으키는 거추장스러운 흔적기관으로 여겼다. 그래서 긴 여행을 앞두고 멀쩡한 충수돌기를 예방 차원에서 잘라내기도 했다. 지금은 면역 기능에 적지 않은 역할을 한다고 밝혀졌다. 편도선이나 흉선도 성인에게 쓸모가 적지만 성장기 어느 순간에 꼭 필요하다.

몸에 쓸모없는 부분은 없다.

*

얼마 전 반려견을 입양했다. 이 녀석 덕분에 귀가 때마다 기대감에 부푼다. 현관문을 열면 언제나 문 앞에서 기다린다. 머리를 갸우뚱하면서 쳐다보다가 이름을 부르면 좋아서 어쩔 줄 모른다. 방방 뛰고 쫓아와 빙글빙글 돈다. 저렇게 좋아할 수 있을까 하는 생각이 든다. 좋아 죽겠다는 말이 딱 맞다.

그걸로 끝이다. 나머지는 전부 일이다. 똥오줌 치우기, 먹이 주기, 목욕, 빗질 같은 위생관리까지 열 중에서 하나 예쁘고 아홉은 귀찮은 일이다. 그렇지만 그 하나가 너무 신선하고 삶의 활력소가 된다.

미국 처세술 전문가 데일 카네기 저서 《인간관계론》을 보면 사람의 마음을 얻는 방법으로 개 이야기가 나온다.

개는 사람을 좋아하는 일만 함으로써 평생 굶을 걱정 없이 예쁨을 독차지한다는 내용이다. 우리 집 개도 그렇다. 식구가 들어올 때 마중 나오고 이름을 부르면 좋아서 달려오는 게 전부다. 하는 일도 없는데 식구들은 예뻐서 웃음꽃이 핀다.

친척 중에 잡종 개를 마당에 묶어놓고 집 지키라며 키우는 분이 있다. 밥도 사람이 먹던 밥을 주고 개 이름도 없다. 주인인 친척 어르신은 개한테 함부로 대하는 것처럼 보이지만 밖에 있다가도 밥시간만 되면 우리 멍멍이 밥 줘야 한다면서 집에 가고 가끔 특별식도 챙겨준다. 꽤 공을 들여 보살핀다.

농작물은 농부의 발소리 듣고 커
정성 들여야 가꾼 만큼 자라

둘의 관계를 보며 누가 누구에게 더 필요한 존재인지 궁금했다. 개에게 먹이를 주는 주인은 꼭 필요하다. 하지만 사람도 정을 붙일 대상은 중요하다. 혼자 있는 시간에 마음을 달래주고 빈 집에 들어갈 때 반겨주는 존재는 큰 위로가 된다. 거기에 내가 아니면 굶는다는 책임감과 때가 되면 밥을 챙겨줘야 한다는 의무감은 관계를 잇는 끈이다.

일상에서 자리를 지키는 것들도 의미가 있다. 생활에 직접 영향을 미치는 사물이 아니더라도 변하거나 사라지면 일상이 미세하게 흔들리는 느낌을 받는다. 출근길의 나무든, 옆집의 강아지든, 매일 돌아가는 골목 모퉁이 건물의 벽도 삶을 구성하는 재료다. 자리를 지키는 요소는 하나하나가 중요하다.

사람과 환경은 상호작용을 한다. 동물, 식물뿐 아니라 무생물과도 영향을 주고받는다. 시간과 정성을 들여 의미를 부여하면 생활에서 무시할 수 없는 일부로 자리잡는다. 거기에 교감을 나누는 생명체라면 삶에서 차지하는 비중은 커진다.

농작물은 농부의 발소리를 듣고 큰다는 말이 있다. 그냥 쳐다보기만 하면 된다는 뜻이 아니고 물을 주는 등 정성을 기울여야 가꾼 만큼 자란다는 이야기다.

말없이 자리를 지키는 식물도 관심을 가지면 애틋한데 직접 반응하는 동물은 더 마음을 사로잡는다. 눈을 마주치고 나를 기다리며 나의 말에 반응하는 생명체는 한 번 삶에 자리하면 떼어놓기 힘들다.

나를 필요로 하는 대상에게 나는 의미가 있고 의무가 생긴다. 의무는 단순하다. 해야 할 일이다. 거창한 일이 아니더라도 내가 필요한 존재에게 필수적인 책임이다. 화분에 물을 주고 반려동물을 돌보는 사소한 행위부터 몸담고 있는 회사나 사회에서 맡은 임무다.

담당하고 있는 역할이 중요할수록 의미와 의무도 크다. 거대한 조직의 일원처럼 언제든지 대체 가능한 역할은 의미가 적지만 1인 기업이라면 내 의무는 기업 활동의 전부다. 가장이면 가족에게 의무와 의미는 절대적이다.

의무의 크기와 의미의 크기가 꼭 비례하지 않는다. 눈에 띄지 않는 존재도 의미는 있다. 세상의 토대를 튼튼하게 다지는 사람들은 대체로 조용하다. 있는지 없는지 몰라도, 없으면 빈자리가 드러나는 역할을 결코 무시할 수 없다. 공부 못하는 학생이 바닥을 받쳐준다는 말처럼 꼴찌가 전학 가면 학생들 등수가 하나씩 내려간다.

그림 그릴 때 수십 가지 물감 중에 하나쯤 없다고 바로 눈에 띄지 않지만 막상 원하는 색이 없으면 그림을 망친다. 당장 주목받지 않더라도 필요할 때가 온다.

화분에 물을 주는 행위는 사소하다. 며칠씩 안 줘도 그만이지만 주지 않으면 식물은 말라죽는다. 내게 사소한 행위여도 식물에게 반드시 필요하다. 필요와 의미는 비대칭이다. 나에겐 필요 없어도 상대에게 커다란 의미가 있는 경우도 있고 반대의 경우도 있다. 나 스스로 과소평가하면 나에게 의지하는 상대도 별 볼일 없는 대상이라는 말이 된다.

불가사리 떼가 파도에 실려 모래톱으로 밀려왔다. 불가사리를 바다로 던지는 사람에게 누군가 지나가면서 그 많은 불가사리를 언제 다 돌려보낼 거냐며 쓸데없는 짓이라고 했다. 던지는 사람은 바다로 돌아간 불가사리에게는 목숨을 건지는 일이라고 대답했다.

내가 있어 세상은
살맛나고 더 윤택하다

의무는 객관적으로 평가할 수 있어도 의미는 극히 주관적이다. 의미를 부여하는 일은 철저히 개인적인 영역이고 수치로 나타내기 어렵다. 남 보기에 쓰레기처럼 보이는 물건이 당사자에게 인생을 걸고 지킬 가치 있는 물건인 경우도 많다.

내게 의미 있는 물건이나 존재는 나만 알고 남은 모른다. 의미를 남에게 설명하기는 쉽지 않다. 내 인생의 경험과 가치관을 설명하는 일인데 중요도를 정확히 알려주기란 불가능하다. 사람마다 살아온 길이 모두 다르듯 의미도 다 다르다.

나도 누구에게 의미다. 나의 존재가, 희망이 되고 의지가 된다. 애완동물이나 화분에게 의미의 전부일 수 있고 가족은 겉으로 티격태격해도 인생의 목적이자 가치의 대부분이다. 크지 않더라도 누군가 나의 삶, 행동, 대화에서 힘을 얻고 위로를 받는다. 나는 모르지만 세상에는 나를 지켜보는 사람이 적지 않다. 지금은 별 볼일 없어도 시간이 흐를수록 나의 의미는 커질 것이다.

의미의 크기는 계속 변한다. 어릴 때 죽고 못 살던 친구가 지금은 기억에 가물거리고 새로운 인연이 그 자리를 대신한다. 지금 무가치하다고 앞으로도 무가치한 것은 아니다. 때가 되면 피는 꽃을 잎만 보고 무시하지 않듯 인생도 때가 되면 의미가 있다.

힘들고 지치면 모든 일이 귀찮다.

세상이 나를 포기한 느낌이 들고 쓸모없는 존재라는 생각에 사로잡힌다. 있어도 그만 없어도 그만이라는 생각에서 더 나아가 있어서 폐해가 된다는 자학수준에 이른다. 하지만 세상에 의미 없는 존재는 없다. 내가 없어도 세상은 금방 빈자리를 채우지만 내가 있던 흔적은 남는다. 내가 있어 세상은 더 윤택하다.

*

내 마음에 방이 여러 개 있다. 크기는 각각 다르고 큰 방일수록 의미가 크다. 가장 크고 좋은 방에 가족이 있고 각방마다 꿈과 친구들이 자리한다. 가족의 마음에 나는 어떤 방에 있는지 알 길이 없다. 하지만 분명한 건 여러 방이 모여 내 의미를 완성하듯 나도 그들에게 의미 있는 한 조각임은 분명하다.

제5장

혼자 외로운
세상을 건너는
9가지 방법

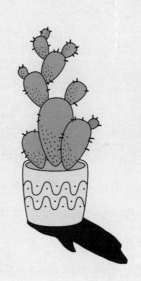

내 세상은 내가 만든다

　　한때 심시티(Sim City)라는 도시를 건설하는 게임시리즈에 빠진 적이 있다. 밤늦게까지 모니터 앞에 앉아 길을 내고, 기반시설 만들고, 건물들 세워 건설한 도시를 보면 흐뭇했다. 사람에게 창조성과 성취감은 본능이다.

　　각종 미니어처가 계속 인기 끄는 이유는 직접 보고 만질 수 있는 놀이이기 때문이고, 조립식 블록완구 레고는 자기 생각대로 창조할 수 있는 특성이 있어 성인도 빠져든다.

불이 보이는 신의 선물이라면 상상력은 보이지 않는 선물이다. 상상력은 인생을 끌고 가는 운전자 겸 엔진이다. 상상력으로 문명이 발전하고, 개인도 인생을 바꾼다.

*

미국 작가 지그 지글러가 쓴 자기계발서의 고전 《정상에서 만납시다》에서 제임스 네스메드 소령 이야기가 나온다. 미 공군 조종사인 그는 베트남전쟁에 참전했다가 격추되어 포로로 잡힌다.

1965년부터 1973년까지 7년 반 동안 북베트남 포로수용소 독방에 갇혔는데 감옥은 길이 1.5m, 폭 1.2m 정도로 좁았고 운동을 할 수 없을 정도로 환경은 열악했다.

하지만 골프를 좋아했던 소령은 예전에 평소 즐겨 다니던 고향의 골프장을 생각하며 매일 상상 속에서 라운드를 했다. 골프를 치던 코스를 아주 구체적으로 떠올리며 골프복 입고 걷는 모습, 홀의 모양, 잔디, 나무, 바람, 갤러리 등을 현실처럼 생각하고 실제같이 골프를 쳤다.

상상 속에서 7년 동안 매일 4시간씩 18홀을 거르지 않고 석방될 때까지 무려 4,000번 라운드를 했다는데 골프채 쥐는 느낌, 스윙할 때의 자세, 날아가 떨어지는 공까지 생각하면서 직접 플레이하는 시간과 동일하게 마음속으로 게임을 했다고 한다.

풀려난 뒤 몸무게가 포로되기 전의 절반밖에 안 될 정도로 건강이 좋지 않았지만 석방 후 일주일 만에 대회 참가해 74타를 쳤다. 몸은 감옥에 갇혀 있어도 상상력은 실제처럼 몸이 운동을 계속하게 이끌었다. 이렇듯 생각의 힘은 현실마저 바꾼다.

영화에서도 상상력을 잘 묘사한 장면이 많다. 한국 영화 〈올드보이〉에서 주인공 오대수는 영문도 모른 채 납치된 후 사설 감옥에서 15년 동안 감금된다. 갇혀 있는 동안 풀려날 때만을 고대하며 좁은 감옥서 매일 상상훈련(이미지 트레이닝)으로 격투기를 연마한다. 영화라 과장된 느낌은 있지만 18명이나 되는 조폭들과 맞붙어 이긴다.

최고 최후의 자유는
바로 선택할 수 있는 자유

학문 영역에서도 생각의 힘은 강력하다.

이론물리학자 아인슈타인이 세상을 바꾼 상대성 이론도 상상 속 실험실에서 나왔다. 상상으로 실험한 뒤 이론을 도출해냈고 나중에 관찰과 실험으로 증명했다.

뇌과학에 따르면 뇌는 생각과 현실을 구별하지 못하고 사실이라고 믿으면 사실처럼 행동한다. '믿음의 힘' '생각대로 이루다' '꿈은 크게' 등 격언은 경험을 통해 입증된 말이다. 실제로 상상훈련은 훈련 효과가 높고 근력까지 세진다고 한다.

극한 상황에서 생각의 힘은 위력을 더 발휘한다. 의미치료의 창시자 빅터 프랭클 박사는 《죽음의 수용소에서》 저서에서 아무런 선택을 할 수 없고 바로 옆 사람이 죽어 나가는 현장에서 '당신이 가진 최고의 그리고 최후의 자유는 바로 선택할 수 있는 자유'라고 말한다. 지옥과 같은 수용소에서 실낱같은 희망이 보이지 않는 상황에서도 마지막까지 뺏을 수 없는 것이 자유의지고 생각할 능력이라고 했다.

우리는 세상을 인식할 때 눈, 코, 귀, 촉각 등 감각을 통한다. 이 과정에서 정보를 지식수준이나 몸 상태에 따라 선별해 받아들인다. 같은 자연현상을 보고 현대인과 원시인의 반응은 다르다. 아는 만큼 볼 수밖에 없다. 벼락 치는 모습에 원시인은 겁먹고 신을 찾지만 현대인은 피뢰침을 세우고 가전제품을 끈다.

자연을 보며 현상만 보는 사람과 현상의 본질을 이해한 사람이 느끼는 세상은 다르다. 물론 반응은 비슷할 것이다. 아무리 천둥번개가 신의 벌도 아니고, 제우스의 무기도 아니고, 구름 안의 전기입자의 작용이란 사실을 알아도 벼락이 떨어지는데 멍하니 보고 있을 사람은 없다. 벼락치는 모습을 보면 누구나 심장이 오그라든다.

감각이나 감정은 일회성이고 휘발성이라 그 순간이 지나면 사라진다. 기억으로 남는 일만 의미가 있다. 충격이 크면 더 강하게 기억되고 기억과정에서 개인의 경험과 합쳐 변형된다.

어떤 정서와 결합되느냐에 따라 좋게도, 끔찍하게도 기억되며 시간이 흐르면서 기억은 쪼개지고 섞인다.

보고 듣고 겪은 모든 것은 잠재의식에 저장되지만 실제로 의미 있는 기억은 회상 가능한 기억이다. 회상과정에서 다시 변화가 오고, 자주 반추하고, 강렬한 사건이 주로 생각나며, 불편하지 않게 각색된다. '끝이 좋으면 다 좋다'는 말이 나오는 이유다. 여행 기간 내내 죽도록 고생해도 마지막 날 먹은 기분 좋은 저녁 한 끼로 여행은 모두 행복한 기억으로 남는다. 중간의 고생은 흔적 없이 묻힌다.

'초반 끗발 개 끗발' 말처럼 진정한 승부는 후반부에 난다. 영화도 중간에 수많은 에피소드와 의미 있는 장면이 섞였지만 결론은 끝에 나온다. 그전의 모든 이야기는 마지막을 장식하기 위한 과정이다. 인생도, 영화도 끝이 좋으면 다 좋게 기억된다.

내 세상은 내 기억 안에 존재
내 세상은 내가 만든다

예전에 어른 몸통 굵기의 나무를 거대한 삽으로 떠서 미리 파둔 옆 구덩이로 옮겨 심는 동영상을 보면서, 저런 아름드리나무도 몇십 분 안에 옮길 수 있는데 마음은 고쳐먹기가 그렇게 힘들까 생각했다. 사실 마음은 더 쉽게 움직이며 순식간이다. 나는 마음이 좋아했다가 증오로 바뀌고 증오가 사랑으로 제멋대로 변해도 한결같다고 생각한다.

세상을 바꾸기는 사실상 불가능하지만 대하는 마음을 바꾸면 내 세상을 바꿀 수 있다. 누구나 자신의 시각으로 세상을 본다. 노란 색안경을 쓰면 온통 노랗게 보이고 파란 색안경을 쓰면 죄다 파랗다.

마음가짐에 따라 반응도 제각각이다. 같은 상황인데 즐겁기도, 피곤하기도 하다. 인생은 주위를 해석하고 반응하고 탐험하면서 블록을 쌓아가는 여정이다. 평안, 외로움, 불안, 즐거움 등 모든 감정과 경험이 모여 삶과 추억이 된다.

차를 탈 때 운전대 잡으면 지루하지 않고 불안감도 덜하다. 같은 상황이라도 조수석에 앉으면 괜히 불안하다. 이것저것 참견하다 '운전은 운전사가 하는 거야' 핀잔을 받기도 한다. 칼도 칼자루를 쥐면 자신감이 생겨 상황을 주도할 수 있다. 칼날을 쥐면 상처부터 나고 목숨이 상대 손에 달려 있다. 세상을 대할 때 기죽지 말고 내가 내 세상을 조절할 수 있다고 해야 자신감이 생긴다.

'마음이 넓어지고 예뻐진 것 같아요' 유행가 가사처럼 사랑에 빠질 때 세상이 다 예뻐 보이지만 이별할 때는 다 우울하다. 상황이 변한 건 없어도 내 마음에 따라 세상은 예쁘기도, 슬프기도 하고 천국도, 지옥도 된다.

내 세상은 내 기억 안에 존재한다. 내가 아는 세상은 기억 속에 저장된 과거의 경험이다. 슬픈 기억만 있다면 슬픈 인생이고, 기쁜 기억이 많으면 기쁜 인생이다. 기억 속의 과거도 현재에 의해 바뀐다. 슬픈 과거도 현재가 기쁘면 덜 슬프게 바뀌고 기쁜 날을 준비했던 기간으로 기억된다. 현재를 바꾸면 과거도 앞으로 올 미래도 달라진다. 행복한 사람은 행복한 세상을 만든 사람이다. 내 세상은 내가 만든다.

*

점묘화는 점을 찍어 그린 그림이다. 멀리서 보면 사람 모습이 보이고 풍경이 보이지만 가까이 다가가면 점으로 분해된다. 점 하나하나 빨간색, 파란색 등 모두 다르다. 멀리서 보면 색깔이 섞여서 보라색도 되고 주황색, 잿빛도 된다. 색이 모여서 다른 색으로 바뀐다.

인생도 멀리서 보면 행복한지, 불행한지 알 수 없다. 하지만 가까이서 보면 행복한 사람과 불행한 사람이 섞여 있다. 항상 행복하고 불행할 수는 없다. 불행한 날도, 행복한 날도, 그저 그런 날도 있다. 불행한 날의 합이 크면 불행한 인생이고, 행복한 날이 더 많으면 행복한 인생이다.

중독은 답이 아니다

일본 타카모리 아사오 글, 치바 테츠야 그림 스포츠만화 《내일의 죠(허리케인 죠)》에서 '하얗게 불태웠어'라는 인상적인 독백이 나온다. 목에 수건을 두르고 온몸의 힘이 빠진 채 의자에 앉은 주인공 모습에는 자신의 모든 것을 쏟아 붓고 최선을 다한 만족감이 드러난다. 장작이 완전히 불타면 하얗게 재만 남는 모습처럼 원 없이 도전했다는 뜻이다. 후회와 아쉬움 없이 혼신을 다 쏟았을 때 불태웠다고 표현한다.

*

술을 빼놓고 인생을 이야기하지 말라는 말이 있다. 술은 사람이 발명한 멋진 음료임은 틀림없다. 하지만 자기 주량을 알려면 시행착오를 반복해야 하고 건강하게 마시려면 상당한 절제가 필요하다.

술은 단점도 많지만 쉽게 포기하기 힘든 기호품이다. 조절만 할 수 있다면 마신다고 누가 뭐라고 할까.

나는 술에 약하다. 맥주 2병, 막걸리 1병이 한계고 소주는 거의 입도 못 댄다. 그래도 연극할 때 꽤 오랜 기간 연속해서 마셨다. 방학 내내 연습할 때 선배들이 돌아가면서 사주고, 우리끼리 모여서 마시고, 인생에 술이 빠지면 낭만이 없다고 객기를 부렸다. 술자리가 없으면 집에 가다 혼자 '깡맥주'를 마셨다.

두 달 넘게 술을 마시다 보니 하루라도 마시지 않으면 허전해서 차비를 아껴 마신 뒤 걸어오고, 라면으로 저녁을 때우고 마시고, 냉동 만두로 밥과 안주를 대신하며 마셨다. 어느 날 겁이 덜컥 났다. 나도 모르게 병나발 부는 모습을 보며 이게 중독이구나 생각이 들었다. 내 인생에서 중독에 가장 가까이 간 시절이라고 생각한다.

중독은 양날의 칼이다. 알코올중독, 약물중독 등은 지나쳐서 병이 된 것이다. 일중독이나 특정 사물, 현상 등에 깊이 빠질 때도 중독되었다고 표현한다. 가끔 PC방에서 며칠간 게임을 하다가 죽는 사람 뉴스도 나오고 또 게임에 빠져 생업을 포기한 경우도 적잖게 있는 것을 보면 중독의 부작용이 심각하다.

중독은 보상기전과 관련된 신경전달물질인 도파민과 밀접한 관계가 있다. 도파민이 방출되면 쾌감을 느끼고 줄어들면 불쾌한 상태가 되어 자꾸 도파민이 방출되는 행동에 빠진다.

생산적인 일에 몰두해야
중독에서 벗어나는 지름길

1954년 캐나다 신경과학자 올즈와 밀너 교수팀은 쥐를 대상으로 한 실험에서 뇌에 전기로 자극하면 즐거움을 느끼는 부위를 찾아내 쾌락중추(pleasure center)라고 이름 붙였다. 쥐의 뇌 여러 특정부위에 전극을 꽂고 쥐가 발판을 밟으면 자동으로 전기자극이 가게 했는데 쥐는 먹지도, 마시지도 않고 쾌락중추를 자극하는 발판만 밟다가 쓰러졌다. 1시간에 수천 번 발판을 밟은 경우도 있다고 한다.

세계보건기구(WHO)는 중독물질을 한번 사용하기 시작하면 자꾸 사용하고 싶은 충동을 느끼고 (의존성), 사용할 때마다 양을 늘리지 않으면 효과가 없으며(내성), 사용을 중지하면 온몸에 견디기 힘든 이상을 일으키는 것(금단증상)으로 정의한다. 병적인 중독이 아니더라도 일상에서 중독은 많다. 술과 담배가 대표적이다.

사람들은 스트레스를 받으면 관심을 다른 데로 돌려서 도망가려 한다. 술은 쉽게 구할 수 있는 탈출구다. 술을 마시면 잠시 기분이 좋고 고통스러운 감정에서 벗어날 수 있다. 하지만 술이 깨면 더 허탈하다. 프랑스 생텍쥐페리 소설《어린왕자》에서 주정뱅이 왕은 항상 술에 취해 있고 취한 사실을 잊으려 술 마신다.

술은 한잔으로 시작해 나중에 술이 술을 마시는 상태가 된다. 만성

알코올중독은 예전에는 알코올리즘(alcoholism)이라고 했는데 WHO는 1976년부터 알코올의존증(alcohol dependence syndrome)이라는 의학용어를 쓰기로 했다.

술에 관대한 한국사회는 입원할 정도로 증상이 심하지 않으면 중독으로 분류하지 않는다. '가끔 술 생각이 난다, 술을 먹으면 자기도 모르게 폭음을 한다, 필름이 끊긴 적이 있다, 일상생활에 지장이 있다' 정도면 사실 중독이다. 그나마 한국의 음주문화가 안주를 꼭 챙기고, 여럿이 어울려 마시고, 알코올도수가 낮은 술을 선호해 중독문제가 잘 드러나지 않을 뿐이다.

술과 함께 자주 찾는 담배는 심리적 의존성에 더해 니코틴 중독을 초래한다. 체내 니코틴 농도가 낮아지면 안절부절 못하고 니코틴을 갈구하며 그때 담배를 피우면 초조함이 해소되고 안도감을 느낀다.

달콤한 음식도 중독된다. 긴장하거나 스트레스 받으면 뇌는 당분을 찾는다. 당분이 들어가면 일시적으로 기분이 좋아지고 긴장감이 떨어지는데 이때 인스턴트 단 음식을 먹으면 당수치가 급격히 올랐다가 바로 떨어져 오히려 당분을 더 찾게 된다. 설탕이 많이 포함된 청량음료가 예다. 습관적으로 청량음료를 마시거나 사탕 등을 선호한다면 단 음식 중독이 아닌지 생각해볼 필요가 있다. 정제되지 않은 곡물이나 과일은 당수치가 천천히 올라갔다가 서서히 내려오므로 몸이 적응할 시간을 주기에 건강한 음식이다.

물질뿐 아니라 행동도 중독 증상을 보인다. 습관과 비슷한데 다른 점은 금단 증상이 있고 없고 차이다. 습관은 안 해도 괜찮지만 중독은 안 하면 허전하고 어쩔 줄 모른다. 연애도 중독이 있다. 카사노바와 돈 후안이 대표적인 예다. 색정광과 비슷한 뜻인 돈 후앙이즘(Don Juanism)이라는 말이 있을 정도로 유명한 바람둥이의 대명사다.

이들은 사람 자체보다 사랑하는 과정에서 쾌감과 희열을 느낀다. 막상 상대가 자기에게 마음을 열면 급속도로 흥미를 잃고 다른 상대를 찾아 떠난다. 사람에 대한 사랑보다 사랑에 대한 사랑을 더 갈구하는데 매력은 있지만 깊이가 없는 느낌이 든다.

비만 치료의 원칙
적게 먹고 많이 움직이기

외로울 때 그 감정에서 벗어나려 이것저것 시도한다. 운동에 빠져보고 관계에 심취해 아무나 만나고 의존한다. 대학 때 선배들 이야기가 생각난다. 마음에 드는 이성이 있는데 이미 다른 사람과 사귀고 있다면, 주변에서 지켜보다가 둘이 헤어질 때 바로 빈틈을 치고 들어가라고 했다. 사람은 빈자리를 못 견디니까 그때 위로하고 옆을 지키면 기회가 온다는 말인데 그럴 듯 했고 또 성공한 경우도 있다고 들었다.

외로운 사람은 무엇이든 쉽게 빠진다. 옆에서 속삭이는 말에 바로 솔깃해 사기꾼이나 유혹하는 사람의 먹잇감이 된다. 판단력이 흐려졌을 때 친한 척하거나 빈자리를 채우는 척하면 쉽게 넘어간다. 예전 같으면 어림없는 제안과 꾐에 어이없이 당한다.

관심을 다른 쪽으로 돌리면 효과는 있다. 그 순간은 잊는다. 술 취하면 깨기 전에는 외롭지 않고, 힘들게 운동하면 잠시 생각이 멈춘다. 음식도 입이 얼얼한 매운맛 위주 강한 자극으로 감정을 지우려 한다.

중독의 단점은 익숙해진다는 데 있다. 처음에 효과가 있지만 금방 반감된다. 그러면 더 강한 자극이 필요하다. 몇 번 반복하면 더이상 자극을 얻을 수 없어 다른 대체물을 찾든가 좌절한다.

억지로 아무 일이나 몰두해 잊으려 하면 나중에 요요가 올 수 있다. 싫은 일, 오래 할 수 없는 일은 매달려도 금방 싫증이 난다. 빡빡하게 시간표 짜고 성과를 내려는 것은 좋지 않다. 더구나 술처럼 쉽게 의존해 빠지는 물질은 나중에 뒷감당이 어렵다.

당장 현실을 바꾸는 기적의 방법은 없다. 생산적인 일에 몰두하는 것이 밋밋해 보여도 보람 있고 결과물도 남는 일석이조(一石二鳥)의 안전한 비상구다.

*

비만 치료의 원칙은 '적게 먹고 많이 움직이기'다. 다른 표현으로 '칼로리 섭취는 줄이고 칼로리 사용을 늘이기'다. 아무리 운동 열심히 해도 먹는 양이 많다면 양을 줄여야 더 효과적이다. 그래서 비만치료 초기에는 운동보다 식이요법에 더 초점을 맞춘다.

'요요현상'은 억지로 살을 뺐는데 노력을 멈추거나 감량에 한계가 오면 다시 살이 찌는 증상이다. 대부분 굶어서 뺀 경우에 오는데 빠진 것 이상으로 찐다. 요요가 오면 살 빼기는 처음보다 힘들고 몇 번 반복하면 좌절한다. 무리하지 않고 천천히 빼야 요요를 피할 수 있다.

자기 연민은 독이다

살면서 자신이 불쌍하다는 생각을 한 번도 안 해본 사람은 없을 것이다. 거절을 당하거나 실패가 반복되면 더 강하게 느낀다. 나도 내가 한심하다고 생각한 때가 여러 번 있다. 의과 대학은 예과 2년을 마치고 본과로 올라가면 성적이 지워지고 새로 출발한다. 유급만 당하지 않으면 된다고 '노세 노세 예과 때 노세 본과 가면 못 노나니, 예과는 천국이고 본과는 지옥이라. 얼씨구절씨구 차차차 지화자 좋구나 차차차' 하며 방심했다.

1학년 2학기 기말성적표에 교양과목으로 선택한 프랑스어에서 F가 떠억 있었다. 의예과는 한 과목만 과락해도 학점을 채우기 힘들어 바로 유급이다. 내가 한심하고 부모님께 미안했다. 멍하니 방에 처박혀 산에 갈까, 막노동을 나갈까, 걸어서 전국 일주를 할까 고민하고 있는데 어머니가 나무라면서 해결책을 찾자고 했다.

정신이 바짝 들어 방법을 찾았다. 방학 때 계절 학기에서 과락 과목을 재이수하면 됐다. 최소 인원은 넘어야 강의가 개설되니까 친구들을 동원해 모자란 인원을 채웠고 다행히 학점을 받아 진급했다.

나는 혼자 틀어박혀 한 해 더 다니면 얼마나 창피할까, 후배들이 어떻게 볼까 생각만 했는데 어머니는 냉정하게 해결책을 찾았다. 지금도 존경스럽다. 좌절하고 손 놓고 있으면 답이 안 나온다. 찾으니까 답이 나왔다.

*

마음은 잠시도 가만히 있지 않는다. 자꾸 여러 생각이 밀고 올라온다. 본능적으로 긍정보다 부정적인 생각이 더 우세하고 또 민감하게 반응한다. 멍하게 있으면 무의식에서 올라오는 감정의 흐름은 자기비판이나 우울한 방향으로 향한다. 진공을 만들 때 에너지가 필요하듯 마음도 잡생각을 비우려면 일부러 의식적으로 적절한 선에서 멈추던가, 무심하게 남의 일처럼 흘러가게 놔둬야 한다. 감정의 흐름에 쓸려 가면 안 된다.

외로울 때면 희망차거나 힘 솟는 생각은 거의 없고 대부분 우울하고 처지는 생각뿐이다. 생각이 꼬리를 물고 '내가 왜 이럴까' ' 내게 무슨 문제가 있을까' 자기반성이 시작된다. '그때 왜 그랬을까' 후회와 함께 '그때 그

행동을 안 했으면 어땠을까'하고 미련과 가정을 반복한다. 이 때 과거를 생각하면 결국 모두 '내 탓이오'다. 필연적으로 내가 잘못한 탓이고 문제가 있고 원인을 제공했다는 결론으로 끝난다.

자신감, 난 할 수 있다 의지 행동
자존감, 난 괜찮은 사람 자기평가

내 잘못을 알고 고치는 반성은 성장에 꼭 필요하다. 그러나 반성에 머무르면 자책이고 반복되면 자학이다. 자기비난만 반복하면 시간이 흐를수록 마음은 위축되고 자신감은 사라진다.

인생에서 가속페달을 밟는 동기 중 자신감과 자존감은 빼놓을 수 없다. 자신감은 나는 할 수 있다는 의지나 행동이고, 자존감은 나는 괜찮은 사람이라는 자기평가다. 자신감과 자존감이 충만해야 세상의 어려움을 이기고 도전하고 전진할 수 있다.

외로울 때는 자신감과 자존감이 떨어진다. 스스로 보잘 것 없는 존재로 내려 보기 시작하면 순식간에 바닥으로 추락한다. 낮은 자존감에 자기가 불쌍하면서 보잘 것 없는 존재라는 자기 연민에 빠진다.

나는 별 볼일 없고, 불쌍하고, 잘하는 것도 없고, 남도 나를 그렇게 본다고 생각하는 악순환에 빠지면 상태는 악화되고 무기력한 생각을 놔두면 마음은 자기를 공격하는데 신이 난다. '나는 형편없어'와 '그래, 너는 형편없어'라는 생각을 주고받는다.

만화에서 많이 나오는 장면처럼 천사와 악마가 주인공의 머리 위에서 둘이 대화를 한다. 악마는 나쁜 유혹을 하고 천사는 선한 유혹을 해야 하는데 둘이 나쁜 방향으로 이끈다.

'나는 한심해' 하면 '그렇지 않아, 너는 좋은 점도 많아' 방어해줘야 하는데 '맞아, 너는 구제불능이야' 맞장구친다.

주위를 돌아봐도 내 편이 하나도 없다고 생각되면 지독히 외롭다. '나'라도 내 편이 되어야 할 때 '나'마저 '나'를 외면하면 철저하게 버림받은 느낌에 비참하다. 가끔 스스로 학대하면서 쾌감을 느끼는 걸까 의심스러울 정도로 자학하는 사람도 있다. 남을 학대하면서 쾌감을 느끼면 사디스트, 학대 받으면서 쾌감을 느끼면 매조키스트라고 한다. 자기가 두 편으로 갈려 자학을 주고받으며, 1인2역 쾌감을 느끼면 이른바 사디매조키스트가 된다.

자기연민의 늪에 빠지면 자기만의 방에 갇힌다. 방의 문은 안에서만 열린다. 간단하게 열 수 있어도 틀어박힌 사람은 문을 열려 하지 않는다. 밖에서 아무리 불러도 귀를 막는다. 자기 세계에 파묻힌 사람은 외부와 교류를 거부한다.

고문 중 감각을 박탈하는 방법이 있다. 외부에서 들어오는 정보통로를 모두 봉쇄한다. 시각과 청각을 막으면 이 두 가지만으로도 외부와 소통하는 길을 대부분 막는다. 거기에 발을 바닥에서 띄우고 움직임을 제한한 뒤, 현재 몸 상태나 위치를 파악하는 관절의 고유 감각을 차단하면 외부정보를 받아들일 길이 다 막힌다.

생각만 존재하는 상태가 되는데, 시간과 공간에서 붕 뜨면 정신세계는 급격히 무너진다. 항복하거나 붕괴된다.

외부에서 음식이 공급되지 않으면 생명체는 생존할 수 없다. 굶주림이 계속되면 처음에는 지방을 이용하고, 다음에 생식기관이 위축되고, 근육 등 장기를 분해해 뇌와 심장을 보존하지만, 허기의 마지막은 생명작용의 끝이다. 즉 죽는다는 말이다.

외롭고 자신 없고 겁나더라도
일단 용기를 내서 밖으로 나가자

몸에 영양분을 공급하지 않으면 굶어죽듯 정신도 외부자극이 공급되지 않으면 말라죽는다. 외부와 교류가 끊기면 그동안 쌓은 지식과 경험을 꺼내든다. 지식이 충분히 쌓이고 수련된 사람은 오랜 기간 격리되어도 지적기능을 유지한다. 깊은 강이 가뭄에 오래 버티듯 지적능력이 깊은 사람은 오래 버틴다. 하지만 얕은 물처럼 정신능력이 강하지 못한 사람은 약하다. 금방 자아가 마른다.

자기연민이 오래되거나 강도가 심하면 자학이 된다. 자학의 끝은 죽음이다. 자기연민의 독에 취하면 자아는 쪼그라들고 내 안의 악마가 나를 잡아먹는 극단적인 상황까지 간다. 악순환의 고리를 끊고 탈출해야 한다. 다른 사람, 동물, 사물에 일단 관심을 가지고 어떻게든 밖으로 나오는 게 답이다.

*

자기 밖으로 나가는 게 무섭고 상대가 나를 어떻게 볼까 걱정되는 사람에게 용기를 주는 연구가 있다. 미국 심리과학(Psychological Science)지에 발표된 하버드 대학, 코넬 대학 등 심리학자들의 공동연구에 따르면 사람들은 자신보다 훨씬 상대를 좋아하고 높게 평가한다.

연구진은 학생들 상대로 실험을 했는데 두 사람이 처음 만나 대화를 나누도록 한 다음 자신과 상대방의 대화 기술을 평가하도록 했다. 연구진이 화제를 제공도 하고 두 사람이 알아서 대화를 풀어가기도 했다.

연구진은 사람들이 스스로 과소평가한다는 사실을 발견했다. 상대방에 대해서 관대하고 자신의 첫인상에는 점수를 짜게 주었다. 수줍은 사람들이 더 심했다. 그러나 대화를 나눈 사람들은 모두 상대가 더 매력적이라고 생각했다.

또 우리는 생각보다 괜찮은 대화 상대지만 스스로 인식하지 못하는 이유는 대화하는 동안 상대방이 어떻게 느끼는지 정확히 알지 못해 너그럽게 판단하는 반면 자기가 실수하거나 잘못 말한 내용은 정확히 기억하기 때문에 평가가 낮아질 수밖에 없다고 설명한다.

외롭고 자신이 없고 겁이 나더라도 일단 용기를 내서 밖으로 나가자. 우리는 서로 환영할 준비가 되어 있다.

플러스

너무 한 생각에 몰두하지 말자. 생각은 생각일 뿐 사실이 아니다. 바람이 아무리 불어도 지나면 흔적도 남지 않는다. 물에 흠뻑 젖어도 마르면 아무 일 없다.

감정 10초만 참아라

주식 투자에 관심을 가지면 '블랙먼데이'라는 이름부터 암울한 단어를 알게 된다. 1987년 10월 19일 미국 뉴욕 주식시장이 하루에 22.6%나 대폭락하는 사태가 발생했다. 주가가 폭락하자 하락이 하락을 불려 아비규환을 연출한 날이다. 전쟁이 나지도 않았고 경기가 나쁘지도 않았는데 이유 없이 증시가 폭락했다. 나중에 경제학자들은 '캐스케이드'(cascade)란 개념으로 폭락의 원인을 설명했다. 먼저 주가가 하락하면 포트폴리오 보험자들이 지수선물을 매도하고 지수선물

가격이 하락하면 차익거래로 주식가격이 더욱 떨어져 대폭락을 초래했다는 이론이다.

*

신체도 여러 가지 캐스캐이드 반응이 있다. 지혈과정이 대표적인데 상처가 생기면 혈소판이 응집되고 피떡을 만들어 지혈한다.

악순환도 비슷한 경로를 밟는다. 반응이 반응을 불러 사건이 걷잡을 수 없이 증폭된다.

마음은 몸보다 악순환에 쉽게 빠지고 통제하기 힘들다. 생각이 꼬리에 꼬리를 물어 감정이 주체할 수 없이 돌진한다. 상대의 사소한 행동을 보고 순식간에 '그동안 의심이 맞았어' '우린 서로 사랑하지 않아' '사랑이 식은 게 분명해' 결론을 낸다. 분명 내 마음인데 내 뜻대로 안 된다. 정신 차려보면 생각지도 못한 지점에 가 있다.

'감정의 악순환'의 좋은 예로 원시시대부터 개체를 보호하는데 중요한 역할을 해온 불안과 공포반응을 든다. 위험을 느끼면 몸은 자동으로 반응하게 진화했다. 맨몸으로 맹수를 만나면 일단 피해야 살고 괜히 맹수의 크기와 힘을 따지고 '한판 붙어 말아' 하다가는 늦는다. 폼 잡고 먹이가 되기보다 일단 살고 보는 쪽이 현명하며 망설일 시간도 없다.

그래서 본능은 응급상황 때 정해진 틀대로 반응한다. 지금은 시대가 바뀌어 자연에서 목숨을 잃을 위험은 줄었지만 몸은 수십만 년 동안 내려온 행동양식을 기억한다.

외로움도 연쇄반응을 일으키는데 천천히 조용하게 오랫동안 영향을 끼친다. 불안반응은, 원인이 사라지면 단기간에 안정되고 일부만 만성화되는데 비해서 외로움은 오랜 기간 광범위한 변화에서 시작돼 이를 느낄 때면 이미 상당히 만성화된 경우가 많다. 또 길고 깊게 영향을 끼치면서 만성 스트레스 요인으로 자리잡는다.

참을 인(忍)자 셋이면
살인도 면한다

외로우면 몸과 마음의 면역력이 떨어진다. 평소 같으면 무시하고 지나갈 말인데 다른 사람의 의미 없는 언행에 상처를 받는다. 마음의 근력이 약해져 잘 다친다.

외부충격이 없어도 스스로 쉽게 무너진다.

건강한 마음은, 치유력이 있어 공격을 받고 상처가 생겨도 회복되는데 오래 아프면 치유력이 떨어진다. 조그만 비판이나 실패에 좌절하고 주저앉는다. 외로움 자체가 마음의 병이 되기보다 우울, 불안, 자존감 저하 등 여러 마음의 병이 자리잡을 토대가 된다.

별별 생각이 다 든다. 나만 뒤처진 것 같고, 나만 따돌림 받는 것 같고, 이 시간이 평생 갈 것 같다. 시간은 한없이 늘어지고 밤도 너무 길다. 자다 깨다를 수없이 반복해도 아침은 멀고 깜박 잠이 들기를 몇 차례 하면 어느새 먼동이 튼다. 당연히 종일 몸이 처진다.

처음에는 벗어나려 노력한다.

목소리도 밝게 내고 바쁘게 시간을 보내며 저항을 해보지만 오래가면 포기한다. 싸울 때 불리하면 웅크리고, 머리를 감싸고, 등판을 보이는

데 주요 장기를 보호해 훗날을 기대하는 동작이다. 마음도 자아를 보호하기 위해 방어를 한다. 외부와 단절하고 최대한 감정을 억제해 생존모드로 돌입한다. 겨울잠 자는 동물처럼 생존에 필수 감정만 남기고 외부 세계와 등을 돌린다.

여기서 갈림길을 만난다. 털고 일어나기와 주저앉다. 안타깝게도 스스로 원망하면서 포기하는 경우가 적잖게 나온다. 평소 자신에 대한 자존감이나 인생관, 어려움을 헤쳐 나온 경험, 종교, 가족, 주변의 격려 등이 새 출발이냐 좌절이냐 영향을 미친다.

화투 중 고스톱은 우리나라에서 가장 대중화된 놀이의 하나다. 고스톱에서 승자는 끝난 뒤 돈을 많이 딴 사람이다.

어찌하여 초등학교 때부터 고스톱 친 수십 년 아마추어 경험으로 보면 잃는 사람들의 공통점이 있다.

먼저 들어갈 때와 쉴 때를 모른다. 패가 좋지 않아도 무조건 뛰어든다. 아주 고수이거나 엄청난 운이 따르면 몰라도 손에 쥔 패가 거의 승부를 좌우한다. 패가 좋으면 참가하고 나쁘면 쉬는 것이 내 돈을 지키는 기본원칙이다.

다음은 'go'와 'stop'할 때를 따지지 않고 '무조건 고'다. 점수가 났지만 더이상 점수 얻기 힘든 상황에서도 '못 먹어도 고'를 외친다. 못 먹는 정도가 아니라 벌어놓은 점수와 독박을 써 손해가 2배다. 몇 번 되풀이하면 가장 먼저 빈털터리가 된다. '고'와 '스톱'만 신중하게 외치면 고스톱에서 돈 많이 잃을 일은 적다.

인생도 '고'와 '스톱'할 때를 구분하면 큰 실패는 막을 수 있다. 시작을 잘못해도 실패하지만 중간에 빠져 나오지 못해도 낭패를 본다. 시작을 잘

못한 실패는 애초에 자기능력 이상이었거나 세상의 흐름에 거스른 경우다. 처음부터 뛰어들지 말았어야 했는데 그땐 알기가 어렵다. 대부분 시작하려고 마음먹은 사람은 남의 말이 들리지 않는다. 눈 감고 귀 막은 채 전진한다. 작은 도전은 철회하기 쉬워도 개인의 인생이나 회사, 나라의 명운을 건 투자는 시작만큼이나 철수도 쉽지 않다.

화도 외로움도 일단 멈춘 뒤
생각할 시간을 벌어야 한다

시작을 할까 말까보다 더 어려운 고민이 중간에 '고'냐 '스톱'이냐를 결정할 때다. 들어간 돈과 시간이 아까워 머뭇거리다가 더 큰 손해를 본다. 아니라는 판단이면 미련 없이 털고 나와야 하는데 결단이 참 어렵다. 중간에 발을 빼기는 시작보다 몇 배 힘들다. 사람은 본능적으로 손실로 인한 고통을 더 크게 느낀다.

안 되는 일을 붙잡고 있으면 돈, 시간 낭비뿐 아니라 다른 곳에서 이익 낼 기회까지 날리고 망설일수록 손해는 눈덩이처럼 커진다. 인생은 능동적으로 뛰어들 때도 있는 반면 엉겁결에 발 담그는 경우도 많다. 그때 흐름을 탈지 내릴지 결정이 중요한데 '고'하는 가속페달 못지않게 '스톱'하는 브레이크 역할도 막중하다.

감정도 '스톱'이 가능하다. 화는 격렬한 감정이다. 화가 나면 어쩔 줄 모른다. 제 성질에 자기가 넘어간다. 하지만 화의 지속시간은 10초라고 한다. 10초만 참으면 저절로 사그라진다. '참을 인(忍)자 셋이면 살인도 면한다'는 속담은 맞는 말이다.

화, 분노는 마음에서 일어나는 흥분이고 연쇄반응을 초래한다. 혈압이 오르고, 심장이 뛰고, 인지하면 더 분노하고, 큰소리를 치고, 내뱉은 욕을 자기 귀로 듣고 반응이 강화된다. 물건을 던지고 밀치는 거친 행동을 하면서 몸은 원시시대 사냥꾼으로 돌아간다. 가히 화의 폭발, 분노의 극치라 할 수 있다. 이젠 원인은 뒷전이다. 그저 화에 사로잡힌다.

조그만 화의 불씨가 걷잡을 수 없게 번져 폭력까지 가는 데 몇 초 걸리지 않는다. 악마의 화염으로 키울지, 한 박자 쉬고 진화시킬지는 몇 초 안의 행동에 달렸다.

감정의 악순환은 막을 수 있다. 일부러 되새김질만 하지 않으면 더 진행되지 않는다. 화도, 외로움도 일단 스톱한 뒤 생각할 시간을 벌어야 한다.

*

'사고정지 기법'은 특정 상황에서 '스톱'을 외쳐 생각이 더 진행되는 것을 막는 기법이다. 생각이 꼬리를 물고 다른 감정으로 진행하려면 적절하게 스톱을 외쳐 멈춰야 한다.

'아, 내가 지금 외롭구나'하고 끝내야지 이것저것 더 생각하지 말라는 뜻이다. 길을 잃으면 무조건 앞으로 나아가기보다 초조함을 가라앉히고 일단 멈춰, 상황 파악한 뒤 구조대를 기다리거나 온 길을 되돌아가는 것이 더 확실한 탈출방법이다.

관심을 구걸하지 말라

　　　　　　　　사춘기는 외모에 대한 관심이 가장
많은 시기다. 아침저녁으로 거울을 보며 눈도 더 크고, 코도 더 오뚝하고,
키도 180cm가 넘으면 얼마나 멋질까 상상을 했다. 학교 가려고 기다리는
시내버스 정류장에서 멋있는 친구 4명이 보도 위를 나란히 걸으면 모든
여학생의 마음을 휘어잡을 텐데 공상을 했다.

　　나중에 TV드라마 〈꽃보다 남자〉에서 나오는 F4를 보고 사람의 상상
력은 다 비슷하다고 생각했다. 나는, 앉은 키는 꿀리지 않는데 신장은 보

통인 대두족이다. 현실을 깨닫고 일찌감치 꽃미남의 꿈은 버렸다.

외모는 포기한 대신 지적인 매력을 갖추기로 전략을 바꿨다. 교양이 넘치고 항상 인생을 고민하며 세상의 모든 고뇌를 해결하는 지성인이 되려했는데 사는 게 너무 피곤했다. 한 몇 년 고민하다가 포기하고 지금까지 그냥 생긴 대로 살고 있다.

*

영국 진화생물학자 리처드 도킨스는 저서 《이기적 유전자》에서 생명체는 유전자를 전달하는 운반체에 지나지 않고 자손을 퍼트리는 도구라고 주장했다. 생존 앞에서 생명의 본성은 이기적이다. 모든 생명은 살기 위해 한정된 자원을 두고 다른 생명체와 경쟁한다. 생명체의 목적은 생존과 종족번식이고 다른 개체와는 필요할 때만 손잡는다.

형제는 한 배에서 태어나 사이가 좋을듯하지만 가장 먼저 경쟁을 배우는 관계다. 갓 태어난 조류 새끼들은 한 치 양보 없이 먼저 먹이를 먹으려 입 벌리고 큰 소리를 낸다. 둥지 안에서 살아남기 위한 몸부림이다. 주목받아야 먹이를 한 번이라도 더 받아먹는다. 밀려나면 도태와 죽음이 기다리고 있다. 생명체는 모두 자기 목숨이 먼저다.

우리는 힘들면 주위에 SOS를 보낸다. 나는 간절하다. 그러나 타인은 냉정하다. 보지 못할 수도 있고 봐도 무시할 수도 있다. 야속하겠지만 대부분 자기 삶을 살아가기도 바쁘다.

여객기를 타면, 응급상황에서 자신부터 먼저 산소마스크를 쓰라고 교육한다. 내가 먼저 의식을 잃으면 옆 사람을 도와줄 수 없다. 물에 빠진 사람을 구할 때도 절대 다가가지 말고 멀리서 밧줄이나 나뭇가지를 던져 준다. 손이 잡혔다간 함께 죽는다.

주위에 똥파리가 자꾸 꼬이면
내가 똥이 아닌가 생각해 보라

'내가 먹은 만큼 돈은 내가 치르다'는 더치페이(Dutch Pay)는 오래전부터 내려온 서양의 관습이다. 내가 사면 다음에 네가 사는 것이 기본이다. 관심도 마찬가지다. 항상 '나 좀 봐줘'하면 곧 외면당한다. 몇 번은 말 들어주고 공감도 한다. 하지만 곧 지친다. 말을 듣고 관심을 가지는데도 에너지가 적잖게 들어간다. 계속 들어주기만 하면 먼저 고갈된다. 그래서 도망간다.

내 주변에 있어줄 사람이 필요하다면, 사람들이 다가올 정도로 내가 매력적인 사람이 되는 게 가장 확실한 방법이다. 내가 경제적인 도움을 주거나, 지식을 나눠주거나, 상대의 빈 가슴을 먼저 채워주고, 위로하고 또 공감할 수 있어야 한다.

연예인이 아니더라도 주변에 인기 있는 사람을 보면 이유가 있다. 그냥 관심의 대상이 되는 것이 아니다. 만나면 피곤하고 손해인데 누가 만나려고 할까. 한두 번은 몰라도 서너 번 반복되면 슬슬 피한다.

'주위에 똥파리가 자꾸 꼬이면 내가 똥이 아닌가 생각해 보라'는 말처럼 친구가 없다면 한번쯤 내가 친구를 쫓는 것 아닌지 반성해야 한다. 사람은 다 비슷하다. 피하고 싶은 사람이나 친하고 싶은 사람이나 비슷한 특성이 있다. 피하고 싶은 것을 줄이고, 친하고 싶은 것을 늘이면 된다. 친하고 싶은 점을 다 흉내 낼 필요 없고 그중 나하고 어울리는 장점을 계발해 보라. 말을 잘 들어 주던지, 맘을 편하게 해주던지, 공감을 잘 하던지, 지적인 성취를 이루던지, 돈을 많이 벌던지 등등 사람들이 부러워하는 장점을 시간 걸리더라도 발전시키면 된다. 그럼 곁으로 사람이 온다.

하지만 주변에 사람이 모이고 관심이 통한다고 영혼까지 공유하는 관계를 만들면 행복할까? 그렇지 않을 것이다. 동물은 자기영역이 있다. 사람도 친밀한 정도에 따라 거리를 둔다. 신체적 거리가 있고 마음에도 거리가 있다. 어느 이상은 보여주기 싫은 내면이 존재한다. 아무리 친밀해도 일정한 거리를 유지해야 관계가 건강하다.

동반자는 좋은 말이다. 비가 오나, 눈이 오나, 기쁘나, 슬프나 평생을 함께하기로 굳은 맹세를 한다. 보통 결혼 전은 친구가, 결혼 후는 배우자가, 동반자가 된다. 항상 내편이고 늘 지켜주기 바란다. 나만 바라보고 내 곁에 있기를 원한다.

그러나 현실은 다르다. 연애 초기 눈에 콩깍지가 씌었지만 시간이 지나 제정신이 돌아온 뒤 착시에서 벗어난다. 콩깍지가 씐 상태로 항상 옆에 붙어 상대만을 바라본다면 부담스럽다.

사랑은 구속하면 시든다. 둘이 자아를 존중하고, 개성을 인정하면서, 일정거리를 유지해야 시들지 않는 법이다. 쌍둥이별은 일정한 인력과 반발력이 있어서 거리를 유지한다. 너무 가까우면 충돌해 붕괴되고 너무 멀면 갈라선다. 사랑도 적당한 거리가 필수다.

관계에서 상처를 받았다면 일단 쉬는 것도 괜찮다. 새 살이 돋우려면 기다려야 하고 마음도 회복하려면 시간이 필요하다. 사람에게 받은 상처는 먼저 사람에게서 멀어져야 치유가 빠르다. 어제 떠난 사람을 오늘 다시 찾아가거나, 빈자리가 외롭다고 아무나 급하게 만나면 상처만 덧난다. 상처가 아물 때까지 기다린 뒤 새로움 만남으로 덧씌우는 게 낫다.

자존감 자긍심 키우지 못하면
언제든 남의 무관심과 외면 불러

때론 슬프거나 우울할 때 그냥 멍하니 있는 게 회복에 도움이 된다. 가끔 몇 시간 콕 쳐 박혀 있어도 찾아오는 사람 없는 공간이 필요하다. 동물은 다치면 동굴에 몸을 숨긴다. 꼼짝하지 않고 나을 때까지 시간에 몸을 맡긴다. 시간이 제일 뛰어난 해결사이자 의사다.

가끔 삶의 기준점을 너무 외부에 두고 있는 건 아닌지 돌아보자. 밖만 바라보면 소홀히 한 내부가 황량해진다. 나의 존재를 인정하는 대상이 외부에 너무 쏠려 있으면 남의 시각에 휘둘린다. 버림받을까 불안하고 잘 보이려 무리수를 둔다. 남의 관심을 받아야 내가 유지된다면, 외면 받지 않으려고 관심을 구걸할 수밖에 없다.

내면이 튼실해야 혼자 있어도 쭈그러들지 않고 우아하다. 내가 먼저 나를 존중해야 남도 나를 인정하고 다가온다. 내면을 등한시하고 자존감이나 자긍심을 키우지 못하면 언제든 타인의 무관심과 외면을 불러온다. 사람들과 건강한 관계를 유지하려면 건강한 내가 먼저다.

*

'핀란드 증후군(Finland syndrome)'이란 말이 있다. 핀란드 노동위생연

구소에서 심혈관질환을 앓는 40대 관리직 1,200명을 두 그룹으로 나누어 15년간 실험을 진행했는데 A그룹 600명에겐 술 담배 끊고, 소금과 설탕 섭취 줄이며, 자주 운동하도록 지도하고, 정기검진을 통해 개개인에게 필요한 처방도 내렸다. B그룹 600명에겐 특별한 지침 없이 평소대로 생활하게 한 뒤 두 그룹의 건강상태를 15년 후 비교했다.

예상과 다르게 철저한 관리와 처방을 받았던 A그룹보다, 평소대로 생활한 B그룹이 심혈관계 수치가 더 좋았고 성인병과 사망률, 자살률까지도 훨씬 양호했다. A그룹은 좋아하는 걸 못하고 참았기 때문에 스트레스가 심했고 또 건강관리와 위생을 지나치게 강조해 면역력이 약해졌을 것이라고 전문가들은 추측했다. 장기적으로 비교해 보니 대충 산 집단이 훨씬 질병도 적고 건강하다는 내용이다. 삶은 관리 받으며 남을 의식하는 것이 아니라 내가 즐겁게 사는 거다.

플러스

인식되는 감각, 경험하는 사건이 모두 무의식 어딘가에 저장된다. 그중 일부가 기억으로 남고 또 몇몇이 추억으로 포장된다. 이 기억과 경험이 삶이고 자아고 인생이다. 즉 기억을 예쁘게 만들어야 인생이 예쁘고 행복하다. 기억과 추억이 풍부해야 잘산 인생이다.

자신을 먼저 사랑하라

　　사람들과 원수가 되기 싫으면 종교, 정치, 가족 이야기는 피하라고 했다. 그만큼 민감하고 개인차가 크며 생각을 바꾸기 힘들다는 뜻이다. 상대적인 생각이라 옳고 그름을 따지기 쉽지 않고 반드시 내가 옳다고 자신하기도 어렵다.

　　초등학교 때부터 지금까지 교회를 다닌 지 수십 년 넘는다. 어릴 때는 사탕과 과자 먹는 재미에, 사춘기 때는 여학생 보려고 다녔다. 군대 훈련소에서는 초코파이를 먹으러 꼬박꼬박 나갔다. 그러다가 지금은 생활처럼 다닌다. 신앙이 가장 신실했던 때는 마음이 힘든 시절이었다. 군 복무 땐 매일 예배당에서 묵상을 하고, 삶이 팍팍할 때 간절히 기도했다. 그 시기를 버티는데 종교가 크게 의지되었다. 그래도 아직까지 어정쩡한 신앙인이다.

종교를 떠나 성경은 인생의 지혜가 담긴 책이다. 〈잠언〉이나 〈전도서〉는 격언집으로 읽어도 되고 삶의 이정표로 삼아도 될 구절이 많이 나온다. 성경을 관통하는 말씀 중 하나가 '이웃을 내 몸같이 사랑하라'다. 다른 종교도 이웃사랑을 강조한다. 사람의 본성이 이웃을 더 사랑한다면 강조할 필요는 없을 것이다. 만약 그렇다면 '이웃보다 내 몸을 더 챙기시오'라는 말씀이 나왔으리라.

*

욕심쟁이 부자가 있었다. 악랄하게 돈을 벌어 마을 사람들은 그 부자라면 이를 간다. 그에게 예쁜 어린 딸이 있었는데 딸에게는 한없이 자상한 아빠가 된다. 어느 날 자기가 죽을병에 걸린 걸 안 부자는 180도 변해 재산을 남김없이 마을 사람에게 베풀고 빈털터리로 죽는다. 딸은 주변에서 걱정할 정도로 아무것도 받지 못했다.

그런데 예상치 못한 일이 발생했다. 부자의 도움을 받은 모든 사람들이 딸에게 보답을 자청하고 앞다투어 딸을 챙겼다. 부자는 불확실한 재산보다 마을 사람들의 선한 마음을 유산으로 남겼고, 부자가 사람의 선함을 믿고 실행한 베풂 도박은 멋지게 성공을 거뒀다.

사람의 협동심과 배려심은 진화과정에서 본능에 가깝게 자리잡았고,

학자들은 사회적 유대감에서 생겨난 상호 이타주의가 인류의 생존과 번영에 아주 중요한 요소라고 말한다. 오스트리아 진화생물학자 마르틴 노바크는 사람뿐 아니라 침팬지에게도 적용되는 사회적 협력을 정의했는데 혈연선택, 직접 호혜주의, 간접 호혜주의, 네트워크 호혜주의, 집단선택 다섯 가지로 분류하고 사회적 협력이 잘 될수록 사회와 개인에게 이득이 크다고 주장한다.

나도 챙기고
남도 챙기자

원시시대부터 지금까지 협력은 생존의 필수요소다. 자연에서 약한 종인 사람에게 타인을 배려하고 챙기는 행위는 선택이 아닌 숙명이다. 모든 구성원이 자기이익만 쫓으면 공동체는 무너진다. 평상시는 자기이익을 최우선으로 행동해도 화재, 재난, 전쟁 등 위급상황에서 자기만 챙기면 사회와 국가는 더이상 존립할 수 없다.

시스템이 복잡하고 연쇄작용이 일어나는 현대 도시에서 타인을 배려하는 행위는 더욱 중요하다. 운전 중 먼저 가려고 신호와 차선을 무시하면 잠깐 혼자는 빨리 갈 수 있지만 곧 사고가 나고 교통지옥이 된다. 몇 명의 욕심으로 사회 전체가 손해를 보기 때문에 개인의 욕심을 참아야 서로에게 이익이 된다.

사회와 교육을 통해 기본행동 양식이 된 법, 질서, 도덕은 공동선과 공동이익을 강조한다. 공공의 이익을 우선하는 행위는 오랜 공동생활하면서 터득한 경험의 결론이다.

사회는 이타적인 행위를 한 사람에게 영웅이라고 격찬하며, 명예와 포상으로 보답하고, 남은 가족의 생계를 보살펴, 희생을 해도 걱정하지 말라고, 대대적으로 알리지만 그만큼 이타적인 행동을 하기가 어렵다는 뜻이다. 그래도 이웃을 사랑해야 하는 이유는 지금 당장 손해라도 크게 보면 공동체를 유지하는데 필수조건이고 또 지금 베푼 선행이 나중에 본인에게 돌아온다는 조상들의 경험 때문이다.

프랑스 조각가 로뎅의 〈칼레의 시민상〉은 노블레스 오블리주 (noblesse oblige)를 상징적으로 보여주는 작품이다. 노블레스 오블리주는 사회적 신분에 맞게 도덕적 의무를 실천하는 초기 로마시대 왕과 귀족의 도덕의식과 솔선수범하는 자세에서 유래되었다.

〈칼레의 시민상〉 배경은 14세기 벌어진 백년 전쟁이다. 잉글랜드 왕 에드워드 3세는 프랑스 작은 항구도시 칼레를 포위해 1년간 공격했지만 시민들의 저항으로 함락에 실패한다. 그래도 포위는 계속되고 식량이 떨어지자 칼레 시는 결국 항복하고 만다.

시는 관용을 요청했고 왕은 받아들이는 대신에 시민 6명의 목숨을 요구했다. 이에 칼레 시장 등 상류층 6명이 희생양으로 나섰고 사형 집행일이 되자 시민대표들은 처형대에 올라섰다. 왕비가 이 소식을 듣고 사형은 자기 뱃속의 아이에게 좋지 않다며, 왕에게 사면을 요청해 왕이 받아들여 모두 무사하게 되었다.

수백 년 뒤 프랑스 정부가 시민대표의 희생정신을 기려 로뎅에게 의뢰해 만든 기념동상이 칼레의 시민상이다.

현대에도 제1, 2차 세계대전 때 영국 귀족학교 이튼칼리지 출신 중 2,000여 명이 전사했고 6·25전쟁 기간에 미군 장군의 아들 142명이 참

전해 35명이 목숨을 잃거나 부상당했다. 성숙한 사회일수록 지도층의 솔선수범과 희생은 사회를 유지하는 밑바탕이 된다.

타인을 배려하고 공동체를 존중하는 자세는 관습과 도덕의 기본이다. '바라는 만큼 상대에게 먼저 베풀어라'든가 '비판받지 않으려면 비판하지 말라'는 성경 말씀처럼 타인을 인정하고 존중하는 행동은 현대 사회의 기본소양이다.

하지만 도덕도 강요하면 은근히 불편하다. 남을 챙기는 만큼 나도 챙겨야한다. 이기적이 되라는 말이 아니라 나도 챙기고 남도 챙기자는 뜻이다. 자신보다 남을 무조건 우선하다 보면 자신을 잃어버릴 때가 있다. 식구가 많은 집의 장남이나 장녀에게 가끔 보인다. 어릴 때부터 '동생에게 양보해라' 말을 듣고 자라다보면 자신은 항상 뒷전이다. 먼저 동생을 챙기는 게 일상이 된다. 먹을 것이나 용돈은 좀 양보해도 문제없지만 자신의 성장이나 내면의 성숙에 꼭 필요한 시간과 공간, 경험까지 양보할 때 문제가 된다.

삶은 나를 먼저 사랑하고
남을 챙기는 게 순서

인생의 목적이 남을 위해 살 땐 문제가 적다.

테레사 수녀나 '수단의 성자'로 칭송받는 고 이태석 신부처럼 자신을 희생해 타인에게 봉사하는 삶은 그 자체로 가치 있고 존경심이 생긴다.

그러나 습관적으로 남만 먼저 챙기면 정작 나를 소홀히 대하게 된다. 자신을 팽개치고 남을 먼저 생각하는 삶의 위험성은 대상이 사라졌을 때 나타난다. 사람은 사는 이유의 상당 부분을 의미에 둔다. 정성을 쏟는 대상이 존재하면 사는 의미가 있다. 그런데 에너지를 투입할 대상이 사라지면 허무하다. 외부로 향하던 에너지가 내부로 향해 부정적인 결과를 초래할 수도 있다.

자식이 독립한 뒤 오는 '빈둥지 증후군'은 남는 에너지가 나를 공격한 결과다. 더이상 내가 할 일이 없을 때, 나에게 의존하던 대상이 독립해 내 손을 필요로 하지 않을 때 상실감을 느낀다. 편한 느낌보다 이제 내가 필요 없고 무가치하다는 생각이 들며 버림받은 공허감으로 이어지기 쉽다.

인생은 내가 살지 남이 대신 살아주지 않는다. 나를 먼저 사랑하고 남을 챙기는 게 순서다.

*

'위생가설'은 깨끗한 환경일수록 몸의 면역기능이 자신을 공격해 병이 생긴다는 이론이다. 면역글로불린의 하나인 IgE는 수만 년 동안 인체 내 기생충을 방어하기 위해 특화되었는데, 기생충이 사라지자 할 일이 없어진 IgE가 인체를 공격해 아토피피부염이 생긴다고 한다.

궤양성대장염은 대장에 염증이 심하게 생겨 목숨까지 위협하는 난치병이다. 정확한 원인이 밝혀지지 않았지만 청결한 환경에서 할 일이 사라진 면역체계가 사람 몸을 공격하는 게 주요 원인 중의 하나로 추정하고 있다.

삶의 우선순위를 조정하라

'관문조절설(Gate control theory)'은 통
증치료의 여러 영역에 적용되는 이론이다. 뇌에 있는 관문이 몸에서 올라
오는 감각을 선택적으로 받아들여 통증을 조절한다는 뜻이다.

통증감각이 뇌로 올 때, 동시에 다른 감각이 뇌로 가면 통증을 전달
하는 신호를 방해하여 통증을 느끼지 못한다고 한다. TENS(경피신경 전기
자극 치료)기계로 통증을 느끼는 부위에 전기 자극을 주면 간섭이 일어나
통증을 덜 느낀다.

한국에서 나이로 누리는 권리이자 유혹이 담배와 술이다. 내가 대학생 시절 담배는 일종의 통과의례였다. 대학 가면 당연히 담배를 배웠고 아니면 군대 가서 휴식시간에 '담배 일발장전' 외치고 다 같이 복창한 뒤 피웠다. 나는 신입생 때 피울 기회를 넘기고, 군대를 늦은 나이에 장교로 가서 군이 피우지 않아도 되었다. 그 후 금연 열풍을 타고 자의반 타의반 담배를 피우지 않았다.

담배는 안 배워도 되지만 한 살, 두 살 나이를 먹다보면 해야 할 일이 늘어난다. 학생 때는 공부와 숙제가 의무고 사회인은 직장이나 생업에서 규칙적으로 할 일이 추가된다. 대부분 출퇴근처럼 정해진 것들을 피곤하고 싫어도 해야 한다.

아침 눈뜨는 시간부터 세 끼 먹는 시간까지 몇십 분도 앞뒤로 옮기기가 쉽지 않다. 내 삶이지만 내 의지로 살기보다 짜인 틀대로 흘러간다. 여유가 없고 일은 꽉 차 있다. 정신없이 바쁘고 피곤하면 왜 이렇게 사는지 의문도 들지 않는다. 그냥 바쁘고 피곤하다. 그런데 이 시간은 대부분 남에게 바치는 시간이다. 무엇 때문에 바쁜지 물어보라. 얼른 답이 나오지 않는다.

사람의 에너지는 한계가 있어 무리하면 지친다. 방전되기 전 적절하게 휴식을 취해야 효과적으로 활동할 수 있고 잠도 푹 자야 밤새 충전이 된다. 쉴 없이 달리면 얼마 가지 않아 에너지가 바닥난다. 그때는 꼼짝없이 스톱이다. 오도 가도 못하고 주저앉는다. 도시 안이면 119구급차를 부르면 되지만 산골짝이라면 악몽이다.

감정이나 감각도 인식하는데 우선순위가 있다. 여러 생각이 동시에 올라오면 충돌한다. 생각도 순서를 정해서 처리한다. 아침에 상쾌하게 일어나 하루를 기분 좋게 출발해도 오래가지 못한다. 오전에는 집중 잘 되고 어려운 문제도 잘 해결 된다. 어지간한 일은 참고 넘길 수 있지만 오후로 갈수록 지친다. 같은 일도 오후에는 풀리지 않고 짜증도 쉽게 낸다. 의지력, 판단력, 집중력 등 하루에 사용할 수 있는 에너지 총량은 정해져 있다는 뜻이다.

시간과 감정을 아껴
내게 투자해야 알찬 장사

낮 동안에 스트레스가 심했거나 업무가 과도했다면 퇴근 후 집에서 쓸 수 있는 에너지가 바닥난다. 사소한 일에 짜증나고 주변과 충돌이 생긴다면 에너지가 방전되었다는 신호다. 바쁘게 살았는데 허전하고 허탈하다면, 에너지를 안팎으로 골고루 쓰지 않고 너무 밖으로만 내보냈는지 살필 필요가 있다.

퍼내기만 하면 우물은 마르고, 쓰기만 하면 통장은 바닥난다. 삶도 밖으로만 퍼주면 내면이 빈다. 지하수가 마르면 땅이 꺼지고, 내면이 비면 마음이 꺼진다. 한번 꺼지면 채우기는 유지하기보다 몇 배 힘들다. 무너지기 전에 삶의 일부분을 나에게 투자해 적절한 잔고를 유지해야 삶이 바스라지지 않는다.

그러나 현실은 나를 챙길 시간내기가 쉽지 않다. 학생 때 공부만 하면 되지만 좋아서 하는 공부가 아니면 노동에 가깝다. 이를 악물고 공부

해도 성적이 오르지 않으면 고역도 그런 고역이 없다. 강제로 하는 공부는 전혀 즐겁지 않고 시간이 빨리 가기만을 바란다.

학교만 마치면 인생이 장밋빛일거라 기대하지만, 챙겨준 밥 먹던 학생 때가 편했다는 걸 깨닫는 데 오래 걸리지 않는다. 시키는 대로 꽉 조인 삶을 살다가, 방학이나 백수처럼 무제한의 자유가 주어지면 남는 시간을 어찌할 줄 모른다. 나는 대부분 잤다. 자다 지치면 밥 먹고 또 잤다. 남는 시간을 자기 의지대로 쓰는데도 훈련이 필요하다.

직장을 다니면 자기 시간을 내거나 자신에게 투자할 여력이 줄어든다. 직장은 내 시간을 돈과 교환하는 곳이다. 남의 돈 받기는 쉽지 않다. 받는 만큼 일을 해줘야 하는데 받는 사람은 늘 돈이 적다하고, 주는 사람은 항상 돈을 많이 준다고 한다. 이 사이에서 타협한다. 고용주가 섭섭하지 않고 나도 억울하지 않을 만큼 일을 한다. 내 일처럼 열심히 하는 사람들이 있고 그중에 성공하는 사람이 나온다지만 소수다. 당장 받는 돈 이상으로 일하면 억울하다.

조직에서 일하다 보면 나는 뒷전이다. 퇴근해서 어렵사리 자기에게 투자를 해도 대부분 직업과 관련된 교육이나 외국어, 헬스 등이다. 자아에 필요한 투자는 순위에서 밀린다.

자기시간이 많아 보여도 개인 사업은 직장인보다 힘들다. 직장은 정해진 근무시간이 있지만 개인 사업은 출퇴근 없이 항상 일 생각뿐이다. 한눈팔다가는 망하니까 하루 종일 매달린다. 열심히 살지만 자신을 돌볼 시간은 없다.

직장이나 사업에 매이면 시간을 내기가 쉽지 않다. 그래도 밀도 있게 쓰면 자투리시간을 많이 모을 수 있다. 운동할 때 30분을 몰아서 하나, 10

분씩 3번으로 나누어 하나 효과는 비슷하다. 바쁘다고 5분, 10분도 내지 못 한다면 핑계다.

감정도 모으기가 가능하다. 주위 사람과 상황에 대해 개입을 가려서 하면 정신적인 에너지를 아낄 수 있다. 인생에 중요하지 않은 사람과 상황에 동참하는 일은 낭비다. 불필요한 참견, 남의 연애사, 연예인 걱정 등은 삶에 전혀 도움이 안 된다. 시간과 감정을 아껴서 내게 투자해야 알찬 장사다.

나를 위해 하루에도 일정한 시간과 에너지를 운동, 독서, 사색 등에 써야 한다. 단기적으로 눈에 띄는 차이가 나지 않지만 인생을 통 털어 보면 내게 투입한 시간만큼 인생이 행복하고 건강하다.

*

미국 건국의 아버지 벤저민 프랭클린은 업무를 수행할 때 ①중요하고 급한 일 ②중요하지만 천천히 할 일 ③중요하지 않고 급한 일 ④중요하지 않고 급하지 않은 일 4가지로 나눠 실행하라고 했다. 사람들은 대부분 급한 일 먼저 하고 중요한 일을 미룬다. 나에 대한 투자는 중요하지만 급하지 않은 일이다. 하루 이틀 미루다 보면 순위가 계속 밀린다. 다른 사람의 일만 하면서 인생을 허송세월하지 말고 순서를 조정해 나에게 투자해야 삶이 건강하다.

지금 그리고 여기에 집중하라

'피그말리온'이란 말은 대학에 들어가서 처음 들었다. 교육학을 전공한 친구가 '피그말리온 효과'란 심리학 용어가 있는데, 간절히 바라면 이뤄진다고 했다. 나는 그걸 연애방법으로 받아들였다. 이성을 간절히 바라고 기다리면 마음이 열린다는 식으로 말이다. 나중에 교육학에서 주로 쓰는 용어이고 신화 속의 인물인걸 알았다. 그래도 내게 피그말리온은 사랑의 성취자다.

'피그말리온 효과'는 '로젠탈 효과' 또는 '자성적 예언'이라고 한다. 타인에게 보인 긍정적인 기대나 관심이 좋은 영향을 끼치는 효과로 그리스 신화에 나오는 조각가 피그말리온의 이름에서 유래한 용어다.

키프로스 조각가 피그말리온은 자기가 만든 상아 조각상과 사랑에 빠진다. 매일 옷을 갈아입히고 말을 걸지만 조각상은 대답이 없다. 피가 흐르지 않고 차갑다. 그러던 중 아프로디테의 축제일을 맞아 정성껏 기도하고 귀중한 제물을 제단에 바친다. 마침내 간절함이 이루어져 생명을 얻은 조각상에게 갈라테이아라는 이름을 붙여 주고 둘은 결혼한다.

누군가 나를 존중하고 기대하면, 거기에 맞게 변하려고 노력해서 기대대로 된다. 내가 나를 믿으면 나도 변한다.

피그말리온은 이미 이루어진 것처럼 믿고 간절하게 행동해서 소원을 현실로 만들었다. 여기서 중요한 점은 언젠가는 변한다고 믿은 것이 아니라, 지금 변했다고 믿은 사실이다.

*

사람은 현재만 사는 존재다. 동일한 시간과 공간 둘 중에 하나라도 빠지면 사람은 존재하지 않는다. 정신은 과거와 미래를 자유롭게 넘나들어도 현실의 몸은 현재에 매인다. 생각은 침대에 누워 북극도 다녀오고 남극도 가보고 미국, 일본, 달나라까지 다 날아다닌다. 상상으로 왕도, 백만장자도, 만인의 연인도 된다. 하지만 몸은 같이 갈 수 없다. 상상과 현실의 괴리가 지나치면 몸도 마음도 불편하다. 항상 현실에서 발을 빼지 않아야 언제든지 돌아가기 쉽다.

우리가 인식하는 시간의 범위는 '지금'에서 앞뒤로 몇 초 남짓이라고 한다. 산다는 말은 지금을 산다는 뜻인데 지금 살고 있는 시간은 고작 1,2초뿐이다. '지금'에서 오지 않은 시간은 미래고 지나면 과거다. 존재하는 현재만 현실이고 오지 않은 시간은 상상 속에 있고 지난 시간은 기억이 된다. 과거가 쌓여 역사가 되고 추억이 된다.

행동과 노력에 시간이 더해져
꿈은 현실로 이뤄진다

나의 지나간 삶은 사진이나 글로 남고, 일부는 다른 사람의 기억에 분산되어 저장되지만 대부분 내 기억 속에 존재한다. 인생을 생각할 때 기억 속의 과거를 편집해서 이것이 내 인생이라고 자부하거나 후회하지만, 과거는 어찌할 수 없고 지나간 시간은 바꿀 방법이 없다. 과거만 바라보면 미련만 남는다. 추억은 가끔 미소를 짓게 하지만 과거 생각은 거의 '그때 이랬어야 하는데' 후회로 끝난다.

미래는 아직 오지 않은 시간이다. 기대와 희망과 불안이 섞여있는 내일을 만드는 주체는 나와 우리다. 미래는 가능성이고 현재의 선택에 의해 변한다. 문을 열까 말까, 방을 나갈까 말까, 전화를 할까 말까 등 수없는 선택의 결과다.

미래에 관여하는 인자를 다 알기는 불가능하다. 지구상 수십억 명의 사람이 직간접으로 간섭하고 지구의 모든 생명체도 서로 영향을 미친다. 거기에 무생물인 자연, 지구, 태양 같은 우주까지 미래를 바꾸는 변수다. 한마디로 미래를 통제하는 일은 신도 불가능하다.

사람의 힘으로 앞날의 모든 변수를 조절하겠다는 욕심은 망상이다.

내 인생의 작은 흐름조차 마음대로 바꾸기 쉽지 않다. '진인사대천명'(盡人事待天命)처럼 노력을 한 뒤 운명에 맡기는 방법이 현명하고, 오직 지금 열심히 노력하고 오늘 잘 사는 것이 최선이다.

인생이 어느 정도 자리를 잡으면 삶은 반복된다. 삶은 연속이다. 어제처럼 살면 내일도 어제처럼 된다. 어제 일이 오늘 일어나고 오늘 일이 내일 이어진다. 삶도 자연법칙에 따라 마찰이 없으면 가던 길을 계속 간다. 변화 없이 오늘을 어제처럼 살면 내일도 관성에 끌려간다.

내일을 바꾸고 싶다면서 지금처럼 살면 달라지는 것이 없다. 되고 싶은 모습이 있다면 상상을 하면서 그에 맞는 행동과 생각을 꾸준히 해야 한다. 오늘 내 모습은 어제 하루 살았다고 된 것이 아닌, 지금까지 살아온 삶의 총합이다. 앞으로 모습은 오늘부터 살아갈 과정의 결과다.

누구나 오늘보다 나은 미래를 꿈꾸어도, 상상만 하면 꿈은 뇌 안에 갇힌 생각이다. 아무리 이상이 높고 꿈이 거창해도 오늘 노력하지 않으면 꿈으로 끝난다. 꿈을 현실로 만드는 방법은 오늘의 행동과 노력이고 시간이 더해져 꿈은 이루어진다.

인생을 바꾼다는 말은 결국 인생을 대하는 태도와 발생하는 상황에 대한 반응을 바꾼다는 말과 같다. 바꾼다는 자체가 일어나지 않은 일 즉 앞날에 영향을 주겠다는 의미다. 미래의 거대한 변화도 지극히 사소한 차이에서 출발한다. '현재를 바꾸지 않고 다른 미래를 기대하는 것은 미친 짓이다' 말처럼 오늘이 바뀌지 않으면 미래는 바뀌지 않는다.

현실이 괴로우면 과거나 미래로 도피한다. 그러나 힘들다고 과거만 뒤지면 낭비다. 예전에 잘 나가던 화려한 시절을 추억하면서 그리워만 하면 현실은 더 비참하다.

지난 영광을 되찾겠다고 노력해도 대부분 과거의 위세는 오늘과 맞지 않는다. 민주주의 국가에서 왕족이 왕정의 복고를 꿈꾸고 실행하면 쿠데타이자 반란이다. 영화나 소설에 어울리는 소재거리다.

과거나 미래가 달콤해도
우리가 살 곳은 '지금, 여기'

과거의 행복을 회상하며 현실을 잊으려 해도 순간이다. 덴마크 안데르센 동화《성냥팔이 소녀》의 성냥불은 잠깐 따뜻했고 사그라지면서 불이 꺼지면 추위가 더 강하게 몰려온다.

과거를 현실의 피난처로 삼기는 너무 약하고 위험하다. 까닥하면 물귀신처럼 현실까지 안고 가라앉는다.

미래를 상상하며 현실을 잊을 수도 있다. 1,000원짜리 로또는 일주일을 든든하게 만든다. 그러나 850만분의 1 확률은 하루에 2번 벼락 맞을 확률보다 더 희소하다. 그저 기대와 희망으로 한주를 버티게 해주는 신기루다. 2장 산다고 확률이 2배로 늘어나지 않고 850만분의 1 확률이 2개가 된다. 무한대 더하기 무한대와 비슷하다.

논픽션《죽음의 수용소에서》저자 빅터 프랭클 박사는 희망에 가득 찬 사람이 절망에 찌든 사람 못지않게 위험하다고 했다. '성탄절에 풀려날 거야, 새해에 전쟁이 끝날 거야' 굳게 믿은 사람이 막상 그날이 왔는데 수용소에서 풀려나지 않자 삶의 의욕을 다 잃고 '종이봉투처럼 무너졌다'고 한다.

수용소처럼 가혹한 환경에서 삶의 의욕이 사라지면 곧 죽음으로 직행한다. 마지막 끝까지 살아남은 사람은 '현실을 인정하고 주어진 환경에서 살려고 발버둥 친 사람'이고 과거는 과거로 돌리고 미래를 기대하지 않고 묵묵히 '오늘만' 그리고 '지금만' 버틴 사람이 해방을 맞았다.

삶은 과거에서 미래로 흐른다. 현재에 발을 딛고 버티면 미래로 이동한다. 오늘을 포기하면 과거로 떠밀려 추억 속에 사는 사람이 된다.

준비된 사람은 여러 미래 중 선택할 폭이 넓다. 준비와 선택은 비례한다. 과거나 미래에 지나치게 몰두하면 양쪽에서 당기는 인력에 의해 현재가 파괴된다. 과거를 회상하는 순간도 지금이고, 미래를 꿈꾸는 시간도 지금이다. 과거와 미래로 도망가도 지금을 벗어날 수 없다. 회상하고 꿈꾸는 시간도 자꾸 과거로 쌓인다. 과거나 미래가 달콤해도 우리가 살 곳은 '지금, 여기'다.

*

삶은 '시간과 공간과 나' 세 축으로 구성된다. 상실감, 외로움 같은 감정은 축의 틈새를 비집고 들어온다. 축은 헛도는 날도 있고 톱니가 맞아도 삐걱거리는 때가 많다. 끝없이 기름을 치고 손보지 않으면 틈은 더 벌어진다. 몸도 마음도 손질해가며 살아가는 것 또한 운명이다.

톨스토이는 '지금 하고 있는 일을 사랑하라. 지금 이 순간을 사랑하라. 지금 만나는 사람을 사랑하라'고 했다. 인생에서 바꿀 수 있는 순간은 지금 뿐이다.

인생은 원래 혼자 가는 것

'던바의 법칙'은 영국 인류학자 로빈 던바 교수가 전 세계 원시부족 마을의 구성원이 150명 안팎이라는 사실을 발견한 뒤 주장한 법칙이다. 발이 넓고 사람 사귀는 재주가 뛰어나도 진정으로 사회적인 관계를 가질 수 있는 최대 수는 150명이라는 내용이다. '술집에서 우연히 초대받지 않은 자리에 동석해도 당혹하지 않을 사람의 숫자'라고 설명한다.

연구에 따르면 페이스북 친구가 1,000명 넘는 파워 유저도 정기적으로 연락하는 사람은 150명 정도고 그중 친한 관계를 유지하는 사람은 20명쯤이라고 한다.

'밴드'는 수렵 채집사회의 유동적인 거주 집단을 가리킨다. 보통 30명에서 100명의 소규모 집단이고 수렵과 채집생활 하며 자원을 찾아 끊임없이 이동한다. 원시시대부터 인간관계의 한계는 100명 안팎이다. 통신수단이 발달하고 도시에 사니까 수백 명이지 실제 친밀감 있는 관계는 수십 명이라고 보면 된다.

*

나는 어릴 때부터 공상하고, 그림 그리고, 책 보고 혼자 있기를 좋아했다. 어른이 되면 달라질 줄 알았다. 성인이 되어 수십 년 지나도 그다지 변한 게 없다. 지금도 독서, 영화감상 등 혼자 논다. 요즘 혼자 차 몰고 돌아다니는 시간이 늘었다. 가보지 않은 길, 낯선 곳을 선호한다. 승용차 연료통이 휘발유로 가득 차 있으면 든든하다.

사람을 좋아해 일주일에 닷새 술 마시던 친구가 언제부턴지 만나는 게 귀찮고 게임이 더 좋다면서 퇴근하면 바로 집으로 직행한다. 사람을 계속 대하는 일에 종사하거나 사회활동이 왕성해도 어느 때부터 인간관계는 줄어든다. 인생이 내리막 시기면 인연이 쪼그라드는 것을 피할 수 없다. 내가 싫어도 세상이 외면한다. 원로, 노익장, 시니어 등으로 포장을 씌워 한쪽으로 밀어낸다.

한정된 세상의 무대는 누군가 내려와야 새로운 주인공이 올라온다. 나를 찾는 사람이 아직 있다고 미적대지만 당신이 없으면 미련 없이 다른 사람을 찾는다. 먹고 살만하면 후배에게 기회를 줘야 명예로운 퇴진이다. 때가 되면 힘이 남아도 연연하지 않고 물러나야 깔끔하다.

세상 탓을 하고 남 탓을 해도
인생은 남의 책임을 묻지 않아

지금까지 같은 반을 한 친구부터 군대 때 함께 근무하고 직장에서 동료 선후배로 지낸 사람과 취미, 종교 활동으로 만난 사람까지 모두 합하면 1,000명이 훌쩍 넘지만 이 중에 연락처라도 아는 사람은 수십 명뿐이다. 편하게 연락하는 사람은 더 줄어든다. 마당발이 아니면 인간관계는 가족과 지인 그리고 업무상 연락하는 사람까지 전부 합쳐도 수십 명이 한계고 이 사람들과 인생을 만들어간다.

인생의 전반부는 인연을 만드는 과정이다. 아기 때는 단출하다. 부모 가족뿐이다. 자라면서 친구, 동료, 선후배 그리고 기억도 나지 않는 숱한 사람들로 늘어난다. 은인도 있고 악연도 있다. 나도 모르게 귀인이 되고 기피인물이 된다.

인생의 정점을 지나면 인연은 줄어든다. 한 명, 두 명 상대가 먼저 떠나거나 내가 떠난다. 좋게 헤어질 때도 있고 원수처럼 갈라지는 경우도 있다. 이래저래 얽힌 인연도 결국 소수만 남는다. 꽉 찬 스케줄은 옛말이고 일정표는 텅 비며 쉴 새 없이 울려대던 전화도 며칠씩 침묵을 지킨다. 귀찮아 거절했던 약속도 이젠 만나주면 고맙다.

굵은 밧줄도 시간이 갈수록 나중에는 몇 가닥만 남듯 두텁던 인연의 실타래도 몇 올 남지 않는다. 마지막은 가족과 친구 몇몇만 곁을 지킨다.

인연이 스러지고 세월 따라 몸도 마음도 쪼그라들어 갈 때는 올 때처럼 빈 몸이 된다.

사람은 태어나서 서고 걷기까지 몇 달이 걸리고 자기 힘으로 먹고 살려면 몇십 년을 더 투입해야 가능하다. 그렇게 해도 생활에 필수인 의식주는 대부분 타인에게 의존한다. 자급자족이 불가능하지 않지만 살아있는 시간 거의 식량 구하고, 살 곳 만들고, 몸 가릴 것 만들며 보낸다.

생활의 일부를 노동하고, 대가로 남이 만든 생산품을 구입해 쓰고, 남는 시간에 원하는 일을 하는 현대인은 복 받은 세대다. 수만 년 동안 조상들이 쌓은 문명의 토대에서 우리는 사회를 이루어 살아간다. 그러나 하나하나 살펴보면 개인의 삶은 단독생활이다.

'사람은 신 앞에 선 단독자'라고 덴마크 철학자 키에르케고르는 말했지만 신보다는 삶 앞에서 사람 모두 단독자이며 창조자다. 개인의 인생은 모두 개인작품이다. 자신을 만들어가는 의지와 노력도 각자의 영역이고 인생에서 마주치는 숱한 상황대처도 개인의 의지에 좌우된다. 운명을 어떤 방향으로 끌고 갈지도 개인의 결단이다. 불가피하게 대형 사건이나 역사의 흐름에 휩쓸리는 경우도 많지만 그 안에서도 선택의 기회는 항상 있다.

삶의 과정을 대부분 남들과 지내더라도 누구나 자기의 인생을 산다. 신이 준 자유의지는 마음대로 할 수 있는 축복이면서 책임은 스스로 지라는 뜻이다. 인생은 매정하다. 무슨 짓을 해도 관여하지 않는다. 충고하지 않고 옳은지 틀린지 일체 말하지 않는다. 미리 지적하고 알려주면 좋으련만 말없이 지켜보기만 한다. 나중에 억울해도 호소할 데가 없고 지난 뒤에 후회를 해도 돌이킬 수 없다.

정말 가치 없고 무책임한 핑계가 '~때문'이다. 세상 탓을 하고 남 탓을 해도 인생은 남의 책임을 묻지 않는다. 타인은 지나가는 사람이다. 가족도 일부는 될지언정 전부가 되지는 못한다. 하물며 타인이라면 남의 인생에 책임질 일이 없고 있어도 문서상이다. 계약서만큼만 책임을 지면 끝난다.

내 인생은 내가 책임
무엇이든 할 수 있다

인생은 나와 계약서도 쓰지 않는다. 삶을 출발할 때 인생은 '없음'이다. 앞에 놓여있는 '무엇'이 아니라 뒤에 쌓인 '그것'이다. 인생은 추수 때 쌓인 볏단처럼 결과물이다.

인생은 결과로 말하고 판결은 마지막에 나온다. 길게 보면 삶의 기회는 공평하다. 당장 힘들고 어렵다고 너무 실망할 일도 없고 포기하기는 성급하다. 무한한 가능성은 무엇이든 할 수 있다. 내 인생의 경기장에는 아무도 들어올 수 없다. 경기가 시작되면 누구도 도와줄 수도, 대신할 수도 없다. 처음부터 내 인생은 내가 책임진다. 세상엔 나 혼자뿐이라고 마음먹으면 편하다.

*

힘든 세상을 건널 때 동행이 있으면 든든하다. 함께 길을 걸으며 대화하고 의지하고 모자란 곳을 채우면 긴 여정도 덜 외롭고 덜 지루하다. 혼자보다는 둘이 가면 멀리 가고 오래 간다.

마음에 맞는 동행이 있다면 축복이다. 하지만 꼭 타인과만 동행하고 대화할 수 있는 것은 아니다. 자기와 동행할 수 있다. 내면의 성숙과 지적 충만이 인생을 사는 연료이자 세상을 건널 동행이다.

사막을 건너는데 빈 물통을 들고 가면 바로 끝장이다. 물을 가득 채워 다음 오아시스까지 갈 수 있다. 충만했던 자아도 계속 지적에너지를 공급하지 않으면 고갈된다. 내면을 사색, 독서, 성취감, 성공의 꿈으로 차곡차곡 채워야 세상에서 쓰러지지 않고 인생이 즐겁다.

플러스

슬픔의 끝이 있을까? 사랑했던 사람이 떠나면 세상이 무너진다. 매일 밤 지새고 눈물이 마르지 않는다. 목이 메어 물도 삼키기 힘들고 세상이 원망스럽다. 내가 죽을 것 같다. 총알이 심장을 관통하면 이렇게 아플 거라 느낀다. 하지만 끝이 있다. 정상적인 애도기간은 6개월을 잡는다. 그 정도면 감정이 무뎌진다. 가슴에 묻어도 심장을 찢지 않는다. 가끔 삐쭉삐쭉 뚫고 나와도 금방 아문다. 담아두어도 살만하다. 슬퍼하는 나를 보는 여유도 생긴다. 그렇게 삶은 계속된다. 기억도 신이 준 선물이고 망각도 신이 준 선물이다.

외로움은 통증이다

시대의 흐름에 따라 외로움에 대한 해결책

2021년 1월 12일 1판1쇄 발행

지은이 오광조
펴낸이 최봉규

책임편집 서이석
북코디 밥숟갈(최수영)
교정교열 주항아
디자인 공간42(이용석 한지원)
마케팅 김낙현

펴낸곳 지상사(청홍)
출판등록 2002년 8월 23일 제2017-000075호

주소 서울 용산구 효창원로64길 6(효창동) 일진빌딩 2층
우편번호 04317
전화번호 02)3453-6111 팩시밀리 02)3452-1440
홈페이지 www.jisangsa.co.kr
이메일 jhj-9020@hanmail.net

영업은 대본이 9할

가가타 히로유키 | 정지영

이 책에서 전달하는 것은 영업 교육의 전문가인 저자가 대본 영업 세미나에서 가르치고 있는 영업의 핵심, 즉 영업 대본을 작성하고 다듬는 지식이다. 대본이란 '구매 심리를 토대로 고객이 갖고 싶다고 "느끼는 마음"을 자연히 끌어내는 상담의 각본'을 말한다.

값 15,800원 국판(148×210) 237쪽
ISBN 978-89-6502-295-4 2020/12 발행

전부, 버리면

키나카노 요시히사 | 김소영

'집도 차도 없는 괴짜 사장'의 미니멀라이프. "연 매출 1000억 원 … 생활비 빼곤 수입 대부분 기부한다. 저자에게 책을 출판하고 싶다는 오퍼가 지금까지도 셀 수 없을 만큼 왔지만, 그때마다 모두 거절했다. 전혀 흥미를 보이지 않았다는 이유는…

값 15,000원 신국판(153×224) 208쪽
ISBN 978-89-6502-294-7 2020/11 발행

주식의 神신 100법칙

이시이 카츠토시 | 오시연

당신은 주식 투자를 해서 좋은 성과가 나고 있는가? 서점에 가보면 '주식 투자로 1억을 벌었느니 2억을 벌었느니' 하는 책이 넘쳐나는데, 실상은 어떨까? 실력보다는 운이 좋아서 성공했으리라고 생각되는 책도 꽤 많다. 골프 경기에서 홀인원을 하고 주식 투자로 대박을 낸다.

값 15,500원 국판(148×210) 232쪽
ISBN 978-89-6502-293-0 2020/9 발행

세상에서 가장 쉬운 통계학 입문

고지마 히로유키 | 박주영

이 책은 복잡한 공식과 기호는 하나도 사용하지 않고 사칙연산과 제곱, 루트 등 중학교 기초수학만으로 통계학의 기초를 확실히 잡아준다. 마케팅을 위한 데이터 분석, 금융상품의 리스크와 수익률 분석, 주식과 환율의 변동률 분석 등 쏟아지는 데이터…

값 12,800원 신국판(153×224) 240쪽
ISBN 978-89-90994-00-4 2009/12 발행

세상에서 가장 쉬운 베이즈통계학 입문

고지마 히로유키 | 장은정

베이즈통계는 인터넷의 보급과 맞물려 비즈니스에 활용되고 있다. 인터넷에서는 고객의 구매 행동이나 검색 행동 이력이 자동으로 수집되는데, 그로부터 고객의 '타입'을 추정하려면 전통적인 통계학보다 베이즈통계를 활용하는 편이 압도적으로 뛰어나기 때문이다.

값 15,500원 신국판(153×224) 300쪽
ISBN 978-89-6502-271-8 2017/4 발행

만화로 아주 쉽게 배우는 통계학

고지마 히로유키 | 오시연

비즈니스에서 통계학은 필수 항목으로 자리 잡았다. 그 배경에는 시장 동향을 과학적으로 판단하기 위해 비즈니스에 마케팅 기법을 도입한 미국 기업들이 많다. 마케팅은 소비자의 선호를 파악하는 것이 가장 중요하다. 마케터는 통계학을 이용하여 시장조사 한다.

값 15,000원 국판(148×210) 256쪽
ISBN 978-89-6502-281-7 2018/2 발행

통계학 超초 입문

다카하시 요이치 | 오시연

젊은 세대가 앞으로 '무엇을 배워야 하느냐'고 묻는다면 저자는 다음 3가지를 꼽았다. 바로 어학과 회계학, 수학이다. 특히 요즘은 수학 중에서도 '통계학'이 주목받는 추세다. 인터넷 활용이 당연시된 이 시대에 방대한 자료를 수집하기란 식은 죽 먹기이지만…

값 13,700원 국판(148×210) 184쪽
ISBN 978-89-6502-289-3 2020/1 발행

영업의 神신 100법칙

하야카와 마사루 | 이지현

인생의 고난과 역경을 극복하기 위해서는 '강인함'이 반드시 필요하다. 내면에 숨겨진 '독기'와도 같은 '절대 흔들리지 않는 용맹스러운 강인함'이 있어야 비로소 질척거리지 않는 온화한 자태를 뽐낼 수 있고, '부처'와 같은 평온한 미소로 침착하게 행동하는 100법칙이다.

값 14,700원 국판(148×210) 232쪽
ISBN 978-89-6502-287-9 2019/5 발행

돈 잘 버는 사장의 24시간 365일

고야마 노보루 | 이지현

흑자를 내는 사장, 적자를 내는 사장, 열심히 노력하는 직원, 뒤에서 묵묵히 지원하는 직원, 일을 잘하는 사람, 일을 못하는 사람 등 누구에게나 하루에 주어진 시간은 '24시간'이다. 이 책이 중소기업의 생산성을 높이는 데, 조금이나마 도움이 된다면 더 큰 바람은 없을 것이다.

값 14,500원 국판(148×210) 208쪽
ISBN 978-89-6502-288-6 2019/8 발행

생생 경매 성공기 2.0

안정일(설마) 김민주

이런 속담이 있죠? '12가지 재주 가진 놈이 저녁거리 간 데 없다.' 그런데 이런 속담도 있더라고요. '토끼도 세 굴을 판다.' 저는 처음부터 경매로 시작했지만, 그렇다고 지금껏 경매만 고집하지는 않습니다. 경매로 시작했다가 급매물도 잡고, 수요 예측을 해서 차액도 남기고…

값 19,500원 신국판(153×224) 404쪽
ISBN 978-89-6502-291-6 2020/3 발행

아직도 땅이다 :역세권 땅 투자

동은주 정원표

부동산에 투자하기 전에 먼저 생각하고 또 짚어야 할 것들을 살피고, 이어서 개발계획을 보는 눈과 읽는 안목을 기르는 방법이다. 이어서 국토와 도시계획 등 관련 개발계획의 흐름에 대한 이해와 함께, 부동산 가치 투자의 핵심이라 할 수 있는 역세권 개발 사업에 대한 설명이다.

값 17,500원 신국판(153×224) 320쪽
ISBN 978-89-6502-283-1 2018/6 발행

리더의 神신 100법칙

하야카와 마사루 | 김진연

리더가 다른 우수한 팀을 맡게 되었다. 하지만 그 팀의 생산성은 틀림없이 떨어진다. 새로운 다른 문제로 고민에 휩싸일 것이 뻔하기 때문이다. 그런데 이번에는 팀 멤버를 탓하지 않고 자기 '능력이 부족해서'라며 언뜻 보기에 깨끗하게 인정하는 듯한 발언을 하는 리더도 있다.

값 15,000원 국판(148×210) 228쪽
ISBN 978-89-6502-292-3 2020/8 발행

설마와 함께 경매에 빠진 사람들

안정일 김민주

경기의 호황이나 불황에 상관없이 경매는 현재 시장의 시세를 반영해서 입찰가와 매매가가 결정된다. 시장이 나쁘면 그만큼 낙찰 가격도 낮아지고, 매매가도 낮아진다. 결국 경매를 통해 수익을 얻는다는 이치는 똑같아 진다. 그래서 경매를 잘하기 위해서는…

값 16,800원 신국판(153×224) 272쪽
ISBN 978-89-6502-183-4 2014/10 발행

자기긍정감이 낮은 당신을 곧바로 바꾸는 방법

오시마 노부요리 | 정지영

자기긍정감이 높은 사람과 낮은 사람의 특징을 설명하고, 손쉽게 자기긍정감을 올려서 바람직한 생활을 할 수 있는 방법을 소개하고자 한다. 이 책을 읽고 나면 지금까지 해온 고민의 바탕에 낮은 자기긍정감이 있다는 사실을 알고 모두 눈이 번쩍 뜨일 것이다.

값 12,800원 사륙판(128×188) 212쪽
ISBN 978-89-6502-286-2 2019/2 발행

골프가 인문학을 만나다

이봉철

인생은 길과 같은 것이다. 또 골프는 인생의 축소판이다. 변신과 긴장, 요동치는 롤러코스트, 포기하지 않아야 한다. 골프평론가 그랜트 랜드 라이스는 골프에서의 테크닉은 겨우 2할에 불과하다. 나머지 8할은 철학, 유머, 로맨스, 멜로드라마, 우정, 고집 그리고 회화이다.

값 17,000원 신국판(153×225) 304쪽
ISBN 978-89-6502-285-5 2018/8 발행

공복 최고의 약

아오키 아츠시 | 이주관 이진원

저자는 생활습관병 환자의 치료를 통해 얻은 경험과 지식을 바탕으로 다음과 같은 고민을 하게 되었다. "어떤 식사를 해야 가장 무리 없이, 스트레스를 받지 않으며 질병을 멀리할 수 있을까?" 그 결과, 도달한 답이 '공복'의 힘을 활용하는 방법이었다.

값 14,800원 국판(148×210) 208쪽
ISBN 978-89-90116-00-0 2019/11 발행

의사에게 의지하지 않아도 암은 사라진다

우쓰미 사토루 | 이주관 박유미

암을 극복한 수많은 환자를 진찰해 본 결과 내가 음식보다 중요시하게 된 것은 자신의 정신이며, 자립성 혹은 자신의 중심축이다. 그리고 왜 암에 걸렸는가 하는 관계성을 이해하는 것이다. 자신의 마음속에 숨어 있는 것이 무엇인지, 그것을 먼저 이해할 필요가 있다.

값 15,300원 국판(148×210) 256쪽
ISBN 978-89-90116-88-8 2019/2 발행

혈관을 단련시키면 건강해진다

이케타니 토시로 | 권승원

이 책은 단순히 '어떤 운동, 어떤 음식이 혈관 건강에 좋다'를 이야기하지 않는다. 동양의학의 고유 개념인 '미병'에서 출발하여 다른 뭔가 이상한 신체의 불편감이 있다면 혈관이 쇠약해지고 있는 사인임을 인지하길 바란다고 적고 있다. 또한 관리법이 총망라되어 있다.

값 13,700원 사륙판(128×188) 228쪽
ISBN 978-89-90116-82-6 2018/6 발행

얼굴을 보면 숨은 병이 보인다

미우라 나오키 | 이주관 오승민

미우라 클리닉 원장인 미우라 나오키 씨는 "이 책을 읽고 보다 많은 사람이 자신의 몸에 관심을 가졌으면 하는 바람입니다. 그리고 이 책이 자신의 몸 상태를 파악하여 스스로 자신의 몸을 관리하는 방법을 배우는 계기가 된다면 이보다 더 큰 기쁨은 없을 것"이라고 했다.

값 13,000원 신국판(153×225) 168쪽
ISBN 978-89-90116-85-7 2019/1 발행

영양제 처방을 말하다

미야자와 겐지 | 김민정

인간은 종속영양생물이며, 영양이 없이는 살아갈 수 없다. 그렇기 때문에 영양소가 과부족인 원인을 밝혀내다 보면 어느 곳의 대사회로가 멈춰 있는지 찾아낼 수 있다. 영양소에 대한 정보를 충분히 활용하여 멈춰 있는 회로를 다각도에서 접근하여 개선하는 것에 있다.

값 14,000원 국판(148×210) 208쪽
ISBN 978-89-90116-05-5 2020/2 발행

우울증 먹으면서 탈출

오쿠다이라 도모유키 | 이주관 박현아

매년 약 1만 명 정도가 심신의 문제가 원인이 되어 자살하고 있다. 정신의학에 영양학적 시점을 도입하는 것이 저자의 라이프워크이다. 음식이나 영양에 관한 국가의 정책이나 지침을 이상적인 방향으로 바꾸고 싶다. 저자 혼자만의 힘으로 이룰 수 없다.

값 14,800원 국판(148×210) 216쪽
ISBN 978-89-90116-09-3 2019/7 발행

경락경혈 103, 치료혈을 말하다

리즈 | 권승원 김지혜 정재영 한가진

경혈을 제대로 컨트롤하면 일반인들의 건강한 생활을 도모할 수 있음을 정리하였다. 이 책은 2010년에 중국에서 베스트셀러 1위에 올랐을 정도로 호평을 받았다. 저자는 반드시 의사의 힘을 빌릴 것이 아니라 본인 스스로 매일 일상생활에서 응용하여 건강하게 살 수 있다.

값 27,000원 신국판(153×225) 400쪽
ISBN 978-89-90116-79-6 2018/1 발행

심장 · 혈관 · 혈압 고민을 해결하는 방법

미나미 카즈토모 | 이주관 오시연

가장 흔한 질병은 고혈압이다. 고혈압 후보까지 합치면 60세 이상 중 절반이 심혈관 질환에 관련된 어떤 증상을 앓고 있다. 저자는 이 책을 심혈관 계통 질환에 시달리는 사람과 그 질환에 걸릴까봐 불안한 사람에게 직접 조언하는 심정으로 썼다고 한다.

값 13,500원 사륙판(128×188) 200쪽
ISBN 978-89-90116-06-2 2019/11 발행

무릎 통증은 뜸을 뜨면 사라진다!

가스야 다이치 | 이주관 이진원

뜸을 뜨면 그 열기가 아픈 무릎을 따뜻하게 하고, 점점 통증을 가라앉게 해준다. 무릎 주변의 혈자리에 뜸을 뜬 사람들은 대부분 이와 비슷한 느낌을 털어놓는다. 밤에 뜸을 뜨면 잠들 때까지 온기가 지속되어 숙면할 수 있을 뿐 아니라, 다음날 아침에도 몸이 가볍게 느껴진다.

값 13,300원 신국변형판(153×210) 128쪽
ISBN 978-89-90116-04-8 2020/4 발행

침구진수鍼灸眞髓

시로타 분시 | 이주관

이 책은 선생이 환자 혹은 제자들과 나눈 대화와 그들에게 한 설명까지 모두 실어 침구치료술은 물론 말 한 마디 한 마디에 담겨 있는 사와다 침구법의 치병원리까지 상세히 알 수 있다. 마치 사와다 선생 곁에서 그 침구치료법을 직접 보고 듣는 듯한 생생한 느낌을 받을 수 있을 것이다.

값 23,000원 크라운판(170×240) 240쪽
ISBN 978-89-6502-151-3 2012/9 발행

피곤한 몸 살리기

와다 겐타로 | 이주관 오시연

피로를 느낄 때 신속하게 그 피로를 해소하고 몸을 회복시키는 여러 가지 방법을 생활 습관과 심리적 접근법과 함께 다루었다. 또 식생활에 관해 한의학적 지식도 덧붙였다. 여기서 전하는 내용을 빠짐없이 실천할 필요는 없다. 자신이 할 수 있을 만한 것을…

값 13,500원 사륙판(128×188) 216쪽
ISBN 978-89-90116-93-2 2019/6 발행

수수께끼 같은 귀막힘병 스스로 치료한다

하기노 히토시 | 이주관 김민정

고막 안쪽이 '중이'라고 불리는 공간이다. 중이에는 코로 통하는 가느다란 관이 있는데, 이것이 바로 이관이다. 이관은 열리거나 닫히면서 중이의 공기압을 조절하는 역할을 하는데, 이 이관이 개방되어 있는 상태가 지속되면 생기는 증상이 이관개방증이다.

값 14,000원 국판(148×210) 184쪽
ISBN 978-89-90116-92-5 2019/6발행

당뇨병이 좋아진다

미즈노 마사토 | 이주관 | 오승민

당질제한을 완벽하게 해낸 만큼 그 후의 변화는 매우 극적인 것이었다. 1년에 14kg 감량에 성공했고 간(肝)수치도 정상화되었다. 그뿐만 아니라 악화일로였던 당화혈색소도 기준치 한계였던 5.5%에서 5.2%로 떨어지는 등 완전히 정상화되었다. 변화는 그뿐만이 아니었다.

값 15,200원 국판(148×210) 256쪽
ISBN 978-89-90116-91-8 2019/5 발행

약에 의존하지 않고 콜레스테롤 중성지방을 낮추는 방법

나가시마 히사에 | 이주관 이진원

일반적으로 사람들은 콜레스테롤과 중성지방의 수치가 높으면 건강하지 않다는 생각에 낮추려고만 한다. 하지만 혈액 검사에 나오는 성분들은 모두 우리 인간의 몸을 이루고 있는 중요한 구성 물질들이다. 이 책은 일상생활에서 스스로 조절해 나가기 위한 지침서다.

값 13,800원 사륙판(128×188) 245쪽
ISBN 978-89-90116-90-1 2019/4 발행

혈압을 낮추는 최강의 방법

와타나베 요시히코 | 이주관 전지혜

저자는 고혈압 전문의로서 오랜 임상 시험은 물론이고 30년간 자신의 혈압 실측 데이터와 환자들의 실측 데이터 그리고 다양한 연구 논문의 결과를 책에 담았다. 또 직접 자신 혈압을 재왔기 때문에 혈압의 본질도 알 수 있었다. 꼭 읽어보고 실천하여 혈압을 낮추길 바란다.

값 15,000원 국판(148×210) 256쪽
ISBN 978-89-90116-89-5 2019/3 발행

경락경혈 피로 처방전

후나미즈 타카히로 | 권승원

경락에는 몸을 종으로 흐르는 큰 경맥과 경맥에서 갈려져 횡으로 주행하는 낙맥이 있다. 또한 경맥에는 정경이라는 장부와 깊은 관련성을 가지는 중요한 12개의 경락이 있다. 장부란 한의학에서 생각하는 몸의 기능을 각 신체 장기에 적용시킨 것이다.

값 15,400원 국판(148×210) 224쪽
ISBN 978-89-90116-94-9 2019/9 발행

脈診術맥진술

오사다 유미에 | 이주관 전지혜

사람들이 일상생활 속에서 스스로 혈류 상태를 확인할 수 있는 단 한 가지 방법이 있다. 그것은 바로 '맥진'이다. 맥진으로 맥이 빠른지 느린지, 강한지 약한지 또는 깊은지 얕은지를 알 수 있다. 이 책의 목적은 맥진으로 정보를 읽어 들이는 방법을 소개한 책이다.

값 14,700원 국판(148×210) 192쪽
ISBN 978-89-90116-07-9 2019/9 발행

만지면 알 수 있는 복진 입문

히라지 하루미 | 이주관 장은정

한약을 복용하는 것만이 '한의학'은 아니다. 오히려 그에 앞서 진단과 그 진단에 대한 셀프케어에 해당하는 양생이 매우 중요하다. 이러한 한의학 진단 기술 중 하나에 해당하는 것이 바로 복진이다. 이 책은 기초부터 복증에 알맞은 한약 처방까지 총망라한 책이다.

값 15,800원 국판(148×210) 216쪽
ISBN 978-89-90116-08-6 2019/8 발행